W0307456

FiNALEonline.de

FiNALEonline.de ist die digitale Ergänzung zu deinem Arbeitsbuch. Hier findest du eine Vielzahl an Angeboten, die dich zusätzlich bei deiner Prüfungsvorbereitung in Englisch unterstützen!

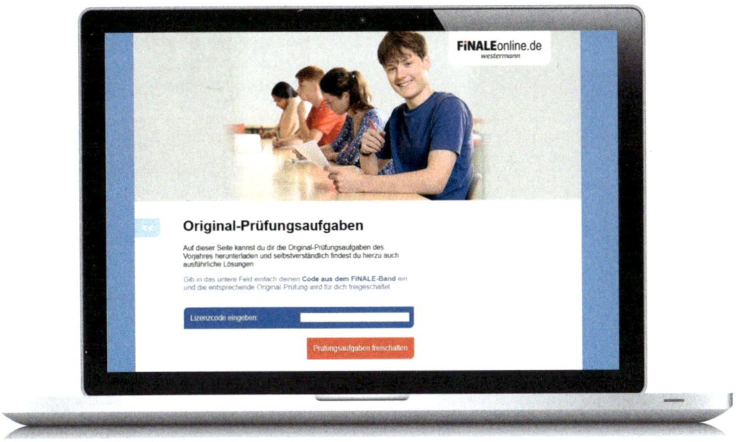

Das Plus für deine Prüfungsvorbereitung:

- Original-Prüfungsaufgaben mit Lösungen (bitte Code von S. 2 eingeben)
- Tipps zur Prüfungsvorbereitung, die das Lernen erleichtern
- **NEU:** Audio-Dateien zu den Hörverstehensübungen (bitte Code von S. 2 eingeben)

Online-Grundlagentraining

Du hast noch Lücken aus den vorherigen Schuljahren? Kein Problem! Das Online-Grundlagentraining auf FiNALEonline.de hilft dir dabei, wichtigen Lernstoff nachzuarbeiten und zu wiederholen. Und so funktioniert es:

Für das Fach Englisch stehen dir über 100 Aufgaben zu prüfungsrelevanten Grundlagen in kurzen Trainingseinheiten zur Verfügung.

Unser Tipp für Lehrerinnen und Lehrer: Nutzen Sie unsere vielfältigen Arbeitsblätter auch für Ihren Unterricht.

Für Lehrerinnen und Lehrer:
Die Lehrerhandreichung für den optimalen Einsatz der Arbeitsbücher im Unterricht zum kostenlosen Download!

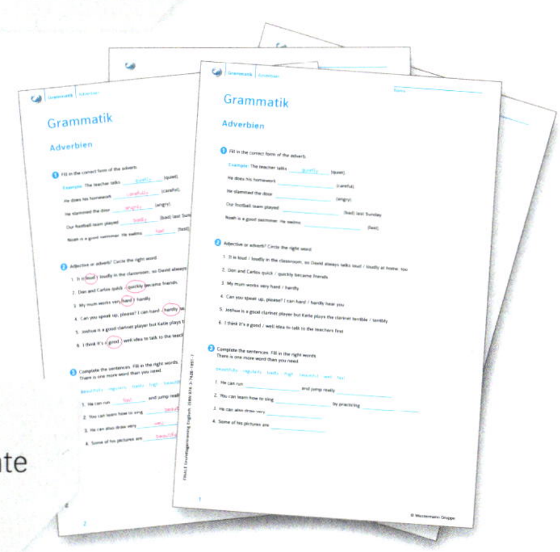

Du übst lieber auf Papier? Dann klicke auf „PDF“ und drucke dir die gewünschte Trainingseinheit einfach aus.

FiNALE Grundlagentraining Englisch

Das FiNALE Grundlagentraining ist die ideale Ergänzung zu diesem Arbeitsbuch. Es bietet eine große Auswahl an Materialien, mit deren Hilfe du prüfungsrelevantes Grundlagenwissen auffrischen und aktiv trainieren kannst.

Folgende Inhalte werden in diesem Band behandelt:

- → umfangreiche Übungen zur Grammatik
- → Hörverstehen (mit Audio-Dateien)
- → Leseverstehen
- → Schreiben
- → Sprachmittlung (Mediation)
- → Sprechen
- → die wichtigsten Operatoren im Fach Englisch

Zu jeder Trainingseinheit gibt es anschauliche Lösungen.

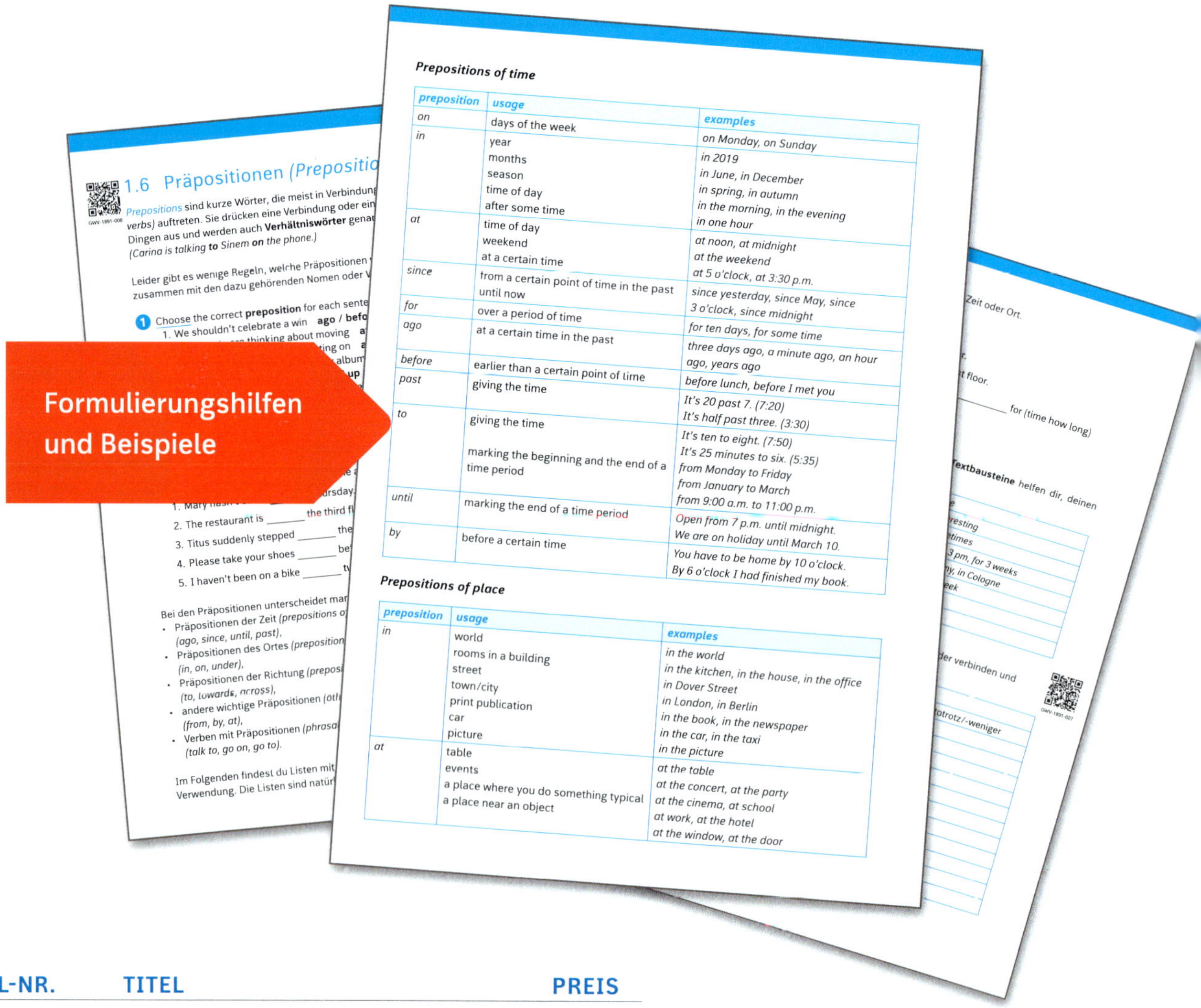

BESTELL-NR.	TITEL	PREIS
978-3-7426-1891-7	FiNALE Grundlagentraining Englisch	13,95 €

FiNALE Grundlagentraining gibt es auch für die Fächer Deutsch und Mathematik.

westermann

FiNALE
Prüfungstraining

Niedersachsen

Abschluss 10. Klasse
Integrierte Gesamtschule
Englisch · G- und E-Kurs

2022

FiNALEonline.de

Liebe Schülerin, lieber Schüler,

sobald die Original-Prüfungsaufgaben zur Veröffentlichung freigegeben sind, können sie unter www.finaleonline.de zusammen mit ausführlichen Lösungen kostenlos heruntergeladen werden. Gib dazu einfach diesen Code ein:

EN6v5Bx

Einfach mal reinschauen: www.finaleonline.de

Autorinnen: Christine Hensel, Katja Werthen-Giles

westermann GRUPPE

Druck A[1] / Jahr 2021
Alle Drucke der Serie A sind im Unterricht parallel verwendbar.

Redaktion: Claudia Lüdtke / der springende punkt, Berlin
Kontakt: finale@westermanngruppe.de
Layout: Druckreif! Sandra Grünberg, Braunschweig
Umschlaggestaltung: Gingco.Net, Braunschweig
Umschlagfoto: Peter Wirtz, Dormagen
Druck und Bindung: westermann druck GmbH, Braunschweig

ISBN 978-3-7426-**2231**-0

Was erwartet dich in diesem Buch?

Du bist in der 10. Klasse und vor dir liegt die Zentrale Abschlussprüfung, das große „Finale". Darauf will dich dieses Buch vorbereiten. Es gibt dir die Möglichkeit, dich mit den Prüfungsaufgaben und ihren Anforderungen vertraut zu machen. Das Buch eignet sich zur Vorbereitung sowohl auf die Prüfung für den G-Kurs als auch für den E-Kurs. Manche Kapitel gelten für beide Kurse, manche bereiten gezielt auf eine der beiden Prüfungen vor. Du findest daher an einigen Stellen diese Zeichen:
G für den G-Kurs, E für den E-Kurs.

Teil A informiert dich über die Voraussetzungen der Abschlussprüfung, die einzelnen Teile und die Bewertung deiner Leistung.

In **Teil B** findest du Informationen zur mündlichen Prüfung. Du erfährst, wie die Prüfung abläuft und wie du dich gut darauf vorbereiten kannst.

Im **Teil C** erhältst du Hinweise, wie du dich gezielt und sinnvoll auf die schriftliche Prüfung vorbereiten kannst. Dieser Teil führt dich in kleinen Schritten an die Aufgabentypen und -formate heran und macht dir deutlich, was in den Aufgaben von dir erwartet wird. Außerdem findest du genaue Textbeispiele und Redemittel für das Schreiben von unterschiedlichen Textsorten.

In **Teil D** und **E** findest du Prüfungsbeispiele, die aufgebaut sind wie die Originalprüfung. Du wirst dabei durch Lösungshilfen intensiv unterstützt. In Teil D findest du eine Prüfung für den G -Kurs, in Teil E für den E -Kurs.

In **Teil F** werden dir die Originalprüfungen aus dem Jahr 2020 präsentiert.

Die Originalprüfungen für 2021 bekommst du im Internet, sobald sie geschrieben und zur Veröffentlichung freigegeben sind. Sie sind dann zu finden unter www.finaleonline.de und können mit diesem Codewort heruntergeladen werden: EN6v5Bx
Hast du noch Lücken aus den vorherigen Schuljahren? Dann empfehlen wir dir das FiNALE Grundlagentraining Englisch (ISBN 978-3-7426-1891-7). Es bietet prüfungsrelevantes Grundlagenwissen zum Nachschlagen und Üben. Ergänzend dazu findest du unter www.finaleonline.de/grundlagentraining ein kostenloses Online-Training bestehend aus interaktiven Übungsaufgaben und Arbeitsblättern zum Ausdrucken.
Und natürlich gibt es ein Lösungsheft, in dem du die Richtigkeit jedes Arbeitsschritts überprüfen kannst. Außerdem findest du auch zu den Original-Prüfungsaufgaben mögliche Musterlösungen, sodass du einschätzen kannst, was von dir in der Abschlussprüfung erwartet wird.
In diesem Arbeitsbuch findest du Schreibraum für wichtige vorbereitende Notizen.
Darauf verweist neben den Texten (auf blauem Fond) dieses Zeichen:
Manchmal musst du deine Texte auf einem Extrablatt anfertigen.
Das erkennst du an diesem Zeichen:
Damit du ein Gefühl für die zur Verfügung stehende Arbeitszeit bekommst, solltest du beim Bearbeiten der Prüfungsaufgaben eine Uhr bereitstellen.
Alle Übungen, zu denen es Audio-Dateien gibt, erkennst du an diesem Symbol: . Um die Audio-Dateien anzuhören, gib auf der Internetseite www.finaleonline.de diesen Code ein: EN6v5Bx

Wir sind sicher, dass du dich nach der Bearbeitung dieses Buches sicher für das „Finale" fühlst, und wünschen dir für die Prüfung viel Erfolg.

Das Autorinnenteam

Inhaltsverzeichnis

Teil A Vorbereitung auf die Abschlussprüfung

A 1 Was wird in der Abschlussprüfung von dir erwartet?

Die zentrale Abschlussprüfung für integrierte Gesamtschulen in Niedersachsen unterscheidet sich kaum von einer normalen Klassenarbeit im Fach Englisch. Mit diesem Format kennst du dich gut aus, denn du hast in jedem Schuljahr einige Klassenarbeiten geschrieben. Der Unterschied besteht darin, dass die Aufgaben nicht von deinem Englischlehrer oder deiner Englischlehrerin entworfen wurden, sondern von Menschen, die dich, deine Klasse, deine Schule und den Unterricht bei euch gar nicht kennen. Die Planungsgruppe, die die Aufgaben der Abschlussarbeit entwickelt, geht von den Lernzielen im Kerncurriculum aus, die am Ende der zehnten Klasse erreicht werden sollen. Frage deine Lehrerin oder deinen Lehrer, ob es im Zusammenhang mit der Coronapandemie Änderungen gibt.

A 1.1 Die Vorgaben

Die Themen, Inhalte und Aufgaben werden in Niedersachsen nicht in jedem Jahr neu festgelegt. Vielmehr legen die Ausführungen im Kerncurriculum den Rahmen für die Abschlussprüfung fest. Darauf verweist das Kultusministerium (die oberste Schulbehörde in Niedersachsen) in jedem Jahr und betont, dass man die Vorjahresprüfung zur Vorbereitung nutzen soll.

Häufig werden die Themen, die im Jahrgang 9 und 10 im Englischunterricht behandelt wurden, auch für die Prüfung genutzt. Wenn du dein Lehrbuch für Englisch durchblätterst, werden dir Inhalte wie Berufswahl beziehungsweise Bewerbung, Arbeitswelt, Freizeitgestaltung und Freunde, aber auch Medien, Reisen, Alkohol und Drogen begegnen. Ebenfalls werden unterschiedliche englischsprachige Länder thematisiert wie z. B. Australien, Neuseeland, England und die USA. All diese aufgezählten Themen sind dir aus deinem Unterricht bekannt, da die Lehrbücher dem Kerncurriculum entsprechend konzipiert werden. Außerdem geht es nicht darum, Wissen über ein bestimmtes Land oder Ähnliches abzufragen. Du sollst vielmehr in der Abschlussprüfung beweisen, dass du Englisch verstehen, lesen, schreiben und an Gesprächen in der Fremdsprache teilnehmen kannst. Nachdem du die Beispieltests in diesem Arbeitsbuch durchgearbeitet hast, bist du gut auf die Prüfung vorbereitet.

A 1.2 Die mündliche Prüfung im Fach Englisch

Seit dem Schuljahr 2013/2014 müssen alle Schüler des 10. Schuljahrgangs an integrierten Gesamtschulen an einer mündlichen Prüfung im Fach Englisch teilnehmen. Der zeitliche Umfang für die mündliche Teilprüfung beträgt 12–15 Minuten für den E-Kurs und 10–12 Minuten für den G-Kurs. Die mündliche Prüfung findet zu einem anderen Zeitpunkt als die schriftliche Abschlussprüfung statt, im Jahr 2022 im März, April oder Mai. In der Regel wird sie als Tandemprüfung (zwei Schüler pro Prüfung – bei ungerader Schülerzahl in einer Klasse auch eine Dreiergruppe) durchgeführt. Es gibt keine Vorbereitungszeit. Die Prüfung besteht aus drei Teilen, in denen deine mündliche Sprechfähigkeit auf unterschiedliche Weise geprüft wird. Für die Prüfung sind keine Hilfsmittel zugelassen. Die Prüfungsgruppen werden entweder ausgelost oder festgelegt und von deinem Lehrer oder deiner Lehrerin bekannt gegeben.
Deine Fachlehrerin oder dein Fachlehrer ist häufig der Prüfer oder die Prüferin, erläutert jeweils kurz die entsprechenden Aufgaben und greift nur ein, wenn ihr nichts mehr sagt oder Fragen äußert. Ansonsten ist seine oder ihre Rolle zurückhaltend passiv. Der Protokollant oder die Protokollantin bewertet mithilfe eines vorgegebenen Bewertungsrasters die Prüfungsleistung.

Leistungsfeststellung

Du musst in dieser Prüfung beweisen, dass du Fragen zu verschiedenen Themen in der Fremdsprache sprachlich richtig und fließend beantworten, Bilder beschreiben und interpretieren und im – E-Kurs – mit einem Partner über ein bestimmtes Thema diskutieren und deine eigene Meinung darlegen kannst. All diese Bereiche werden vom Protokollanten oder der Protokollantin und vom Prüfer oder der Prüferin bewertet.
Die einzelnen Teile der Prüfung werden nicht gesondert beurteilt, obwohl unterschiedliche Ansprüche gestellt werden. Du bekommst eine Note für deine Gesamtleistung. Die Prüfer und Protokollanten verwenden dafür vorgegebene Beurteilungsbögen. Beide geben direkt nach der Prüfung ihre Beurteilung ab, ermitteln die Gesamtnote und teilen sie euch zeitnah mit. Insgesamt können 40 Punkte verteilt werden.

Die Note für die Abschlussprüfung in Englisch Klasse 10 besteht aus einer mündlichen und einer schriftlichen Teilprüfung. Die Note für die mündliche Teilprüfung fließt zu einem Drittel in die Gesamtnote der Abschlussprüfung ein. Hier ist eine Übersicht für die Punkte der mündlichen Prüfung:

INFO Punkte bei der mündlichen Prüfung

40–35 = 1
34–27 = 2
26–19 = 3
18–12 = 4
11– 4 = 5
3– 0 = 6

A 1.3 Zum Aufbau der schriftlichen Abschlussprüfung

Die Abschlussprüfung am Ende der zehnten Klasse dauert **120 Minuten.** Du darfst ein zweisprachiges Wörterbuch benutzen.
Die Prüfung setzt sich aus vier Teilen zusammen: Der erste Teil testet das **Hörverstehen** und dauert etwa 30 Minuten. Für die übrigen drei Prüfungsteile *Reading, Mediating* und *Writing* stehen dir ungefähr 90 Minuten zur Verfügung.

INFO Prüfungsteile

Listening
Reading
Mediating
Writing

Beim ersten Teil, dem Hörverstehen, werden dir **vier Aufgabentypen** gestellt, die im Schwierigkeitsgrad ansteigend sind. Du hörst unterschiedliche Textsorten (z. B. Interview, Bericht, Ansagen, Dialog, Telefongespräch) und erhältst dazu verschiedene Aufgabenformate, z. B. ein Bild auswählen, ein Formular ausfüllen, aus mehreren Antworten die richtige aussuchen oder richtig beziehungsweise falsch ankreuzen.

Auch der Teil zum **Leseverstehen** beinhaltet **vier Teilaufgaben,** die ähnliche Aufgabentypen präsentieren wie der Hörteil *(true or false, matching,* Multiple Choice). Mögliche Lesetexte umfassen Briefe, Formulare, (Blog-)Artikel, E-Mails, Berichte usw.

Bei den Aufgaben zur **Mediation** (Sprachmittlung) handelt es sich um das Übertragen von Informationen aus der englischen in die deutsche Sprache und umgekehrt, also vom Deutschen ins Englische. Dabei kann es sich zum Beispiel um Hinweisschilder, Anzeigen, Speisekarten, Fahrpläne oder Infoblätter handeln.

Bei den Aufgaben zum **Schreiben** musst du im ersten Teil möglicherweise ein Formular ausfüllen oder eine E-Mail schreiben. Im zweiten Teil wird ein zusammenhängender Text gefordert, z. B. eine Geschichte zu einem Bild.

INFO Bewertungsschlüssel für die schriftliche Abschlussarbeit

Prozentualer Anteil der Gesamtpunktzahl	Endnote
100 – 93%	sehr gut (1)
92 – 83%	gut (2)
82 – 72%	befriedigend (3)
71 – 60%	ausreichend (4)
59 – 30%	mangelhaft (5)
29 – 0%	ungenügend (6)

A 1.4 Zum Aufbau des Buches – und zum Umgang damit

Dieses Arbeitsbuch wird dir alle nötigen Informationen wie Inhalte, Themen und Aufgabenstellungen zu den Prüfungen vermitteln und dich optimal auf beide vorbereiten.

In **Teil B** geht es um die mündliche Prüfung. Du erfährst genau, wie die Prüfung abläuft und wie du dich am besten vorbereiten kannst. Du findest Übungsaufgaben, die genau erklärt werden, und zwar getrennt für den **G** -Kurs und den **E** -Kurs.

In **Teil C** wirst du dich intensiv mit den verschiedenen Bereichen der Prüfung (Hörverstehen, Leseverstehen, Mediation und Schreiben) beschäftigen. Du wirst Übungen mit Tipps und Tricks finden, die dir beim Verbessern deiner Fähigkeiten in allen Kompetenzen helfen. Es ist wichtig, dass du die Aufgaben nacheinander durcharbeitest und dir genug Zeit nimmst, denn nur so kannst du davon auch wirklich profitieren.
Zum Beginn solltest du dir einen Schwerpunkt setzen (z. B. Hörverständnis) und dir die Zeit nehmen, um die Übungen dazu nacheinander und vollständig durchzuarbeiten. Das ist wichtig, denn nur so kannst du davon auch wirklich profitieren. Beantworte die Aufgaben, nutze dabei die angebotenen Lösungshilfen und schau dir zum Schluss die Lösungen und Lösungsvorschläge im Lösungsheft an. Hake die richtigen Antworten ab, aber mache dir bei den Fehlern bewusst, warum du welche gemacht hast. Gab es z. B. Probleme mit dem Akzent des Sprechers? Hast du ein wichtiges Wort nicht verstanden? Waren die Sprecher zu schnell? Hat dich eine Aufgabenstellung verwirrt? Hast du dir nicht genug Zeit genommen? Du kannst aus deinen Fehlern lernen, damit sie sich nicht wiederholen.

In **Teil D** und **E** werden dir angeleitete Tests präsentiert. Teil D enthält einen Test für den **G** -Kurs, Teil E für den den **E** -Kurs. Hier kannst du das Format der Prüfung mit Hilfen und Hinweisen richtig kennen lernen und nach und nach durcharbeiten. Du kannst feststellen, welche Aufgaben dir leicht fallen und wo du dich noch verbessern musst. Die Lösungshilfen und Hinweise unterstützten dich und machen dich am Beispiel der Übungen auf Probleme und mögliche Schwierigkeiten aufmerksam, auf die du achten solltest.

INFO Aufbau des Buches

Teil A	Einführung
Teil B	Sprechen
Teil C	Die schriftliche Prüfung (Hör-, Leseverstehen, Mediation, Schreiben)
Teil D	Angeleiteter Test G-Kurs
Teil E	Angeleiteter Test E-Kurs
Teil F	Abschlussprüfungen 2020

Eine Checkliste vor dem angeleiteten Test, Zeitkontrolle und eine Auswertung nach dem Test helfen dir beim Zeitmanagement. So behältst du den Überblick und kannst einschätzen, wie lange du für die einzelnen Prüfungsteile brauchst.

Teil F sind die schriftlichen Abschlussprüfungen aus dem Jahr 2020. Diese Tests solltest du als Generalprobe betrachten und ihn entsprechend ernst nehmen. Bevor du den Test für deinen Kurs bearbeitest, hast du in den vorangegangenen Teilen deine Stärken festgestellt, Schwächen verbessert und Lücken gefüllt. Erst dann ist es sinnvoll, diese Aufgaben zu bearbeiten. Bevor du das tust, erinnere dich an die Strategien, die du erfolgreich eingesetzt hast. Denke an mögliche Fehlerquellen, die du vermeiden kannst. Dann bist du fit für die Prüfungen im Fach Englisch.

Teil B Die mündliche Prüfung

In diesem Kapitel findest du Informationen und Übungen, die dich gut auf die mündliche Prüfung im Fach Englisch vorbereiten. Das Kapitel ist so aufgebaut, dass du erst ein paar wichtige Informationen zur Prüfung erhältst, bevor du dann mehr detaillierte Informationen und Übungen für die jeweiligen Kurse (Erweiterter Kurs E oder Grundkurs G) bekommst.

B 1 Vorbereitung – Let's get ready for the oral test!

B 1.1 Was wird in der mündlichen Prüfung erwartet?

Bei der mündlichen Prüfung zeigst du deine Sprechfertigkeiten in einer **Partnerprüfung** (zwei Schüler pro Prüfung oder bei ungerader Schülerzahl auch in einer Dreiergruppe), die **10 Minuten** dauert. Hierbei geht es darum zu zeigen, wie zielführend du dich mit deiner Partnerin/deinem Partner unterhalten und dich in der englischen Sprache verständigen kannst. Die Prüfung findet zu einem anderen Zeitpunkt als die schriftliche Prüfung statt, in der Regel zwischen März und Mai, und es werden, anders als bei der schriftlichen Prüfung, keine Hilfsmittel zugelassen.
Deine Englischlehrerin beziehungsweise dein Englischlehrer leitet die Prüfung, **die aus drei Teilen besteht,** und ein zweiter Fachlehrer führt das Protokoll. Er oder sie hat eine passive Rolle und beteiligt sich nicht aktiv an der Prüfung.
Am Ende der Prüfung wird eine Note errechnet, die deine Gesamtleistung beurteilt. Die Note setzt sich aus 40 Punkten zusammen – 20 Punkte hat der Prüfer oder die Prüferin zu vergeben und 20 Punkte vergibt der Protokollant oder die Protokollantin. Die Note für die mündliche Prüfung fließt zu einem Drittel in die Gesamtnote für die Abschlussprüfung ein. Der restliche Teil ergibt sich aus deiner Leistung in der schriftlichen Prüfung.

Die folgenden Fragen in der Checkliste helfen dir, deine Sprachkompetenzen selbst einzuschätzen, und zeigen dir, wo es eventuell Übungsbedarf gibt.

CHECKLISTE zur mündlichen Prüfung

Kommunikatives Handeln:
- Sprichst du fließend? ○
- Lieferst du relevante Beiträge? ○
- Benötigst du Hilfe? ○
- Wendest du interaktive Strategien zur Aufrechterhaltung der Kommunikation an? ○

Verständlichkeit und sprachliche Flexibilität:
- Verwendest du abwechslungsreiche Satzstrukturen? ○
- Verwendest du richtige Strukturen? ○
- Formulierst du inhaltlich sinnvolle und zusammenhängende Beiträge? ○

Wortschatz:
- Hast du einen guten Wortschatz? ○
- Hast du einen umfangreichen Wortschatz? ○
- Wendest du diesen Wortschatz richtig an? ○

Aussprache, Betonung, Satzmelodie:
- Kann man dich ohne Mühe verstehen? ○
- Verwendest du die richtige Aussprache und Satzmelodie? ○

B 1.2 Trainingsmöglichkeiten

Es gibt viele verschiedene Möglichkeiten, dich auf die mündliche Prüfung vorzubereiten. Am wichtigsten ist: Nutze jede Gelegenheit, Englisch zu sprechen! Suche dir einen Partner oder eine Partnerin aus (am besten deinen Prüfungspartner, sobald die Paare bekannt sind), sodass ihr die Prüfungssituation realistisch simulieren könnt. Wenn du dich mit einem Partner vorbereitest, so hast du mehr Möglichkeiten, Tipps zu bekommen und Fehler zu korrigieren, denn ihr helft einander gegenseitig.

B 2 Die mündliche Prüfung für den G-Kurs

B 2.1 Zum Aufbau der mündlichen Prüfung

Die mündliche Prüfung dauert insgesamt 10–12 Minuten und setzt sich aus drei Teilen zusammen:
Part 1: *Speaking about yourself*
Part 2: *Information gap activity*
Part 3: *Speaking prompts*

Auf den folgenden Seiten findest du detaillierte Informationen und Übungsvorschläge, um dich optimal auf die mündliche Prüfung vorzubereiten.

INFO zum Prüfungsablauf

1. **Speaking about yourself (1–2 Minuten):** *short questions and answers*
2. **Information gap activity (2–3 Minuten):** gelenktes Sprechen mithilfe von *prompts, role cards* etc.
3. **Speaking prompts (2–3 Minuten):** überwiegend monologische Aufgabe mithilfe von *pictures, audio materials* oder *realia*

B 2.2 Tipps, Strategien und Übungen zur Vorbereitung

Part 1 (ca. 2 Minuten): *Warm up* und *Speaking about yourself*

Zur Beginn der Prüfung wird deine Lehrerin oder dein Lehrer dich begrüßen und dir ein paar kurze Fragen als *warm up* stellen, z. B.:

Good morning. Please sit down. This is ... (Protokollant). *He/she will be taking notes. In the first part of this test I will ask you both some questions.*
How are you today?
What's your name?
How do you spell your first/last name?

Deine Lehrerin oder dein Lehrer wird dich dann bitten, über dich selbst zu sprechen, z. B.:

Tell me something about your hobbies.
Tell me something about where you live.
Tell me something about your school.

TIPP Vorbereitung für Part 1

Der erste Teil lässt sich sehr gut vorbereiten. Übe deine Antworten zu Alltagsthemen wie Schule, Freizeit, Familie, Zukunftspläne, dein Zuhause etc. Dabei kannst du im Voraus unbekannte Vokabeln, die in der Prüfung wichtig sein könnten, nachschlagen und lernen. Das Üben gibt dir Sicherheit und hilft dir, einen starken Anfang in der Prüfung zu haben, was gut gegen Aufregung hilft.

TIPP Frage-Antwort-Spiel

Schreibe mit einer Partnerin/einem Partner allgemeine Fragen zu deiner Person auf Karteikärtchen und legt den Stapel vor euch hin. Zieht jeweils abwechselnd eine Karte und stellt eurem Gegenüber die darauf notierte Frage, bis der Stapel leer ist.

Versuche nun ein paar erste Übungen.

Erste Übungen zu Part 1

a) Ideen sammeln mit Mindmaps

Mithilfe von **Mindmaps** kannst du dich thematisch auf den ersten Teil der Prüfung vorbereiten. Sie helfen dir, erste Ideen für Gesprächsstoff in der Prüfung zu sammeln. Fülle die Mindmaps stichpunktartig mit Informationen über dich aus. Andere geeignete Themenfelder für Mindmaps sind: *my future plans, my pets, hobbies and sport.*

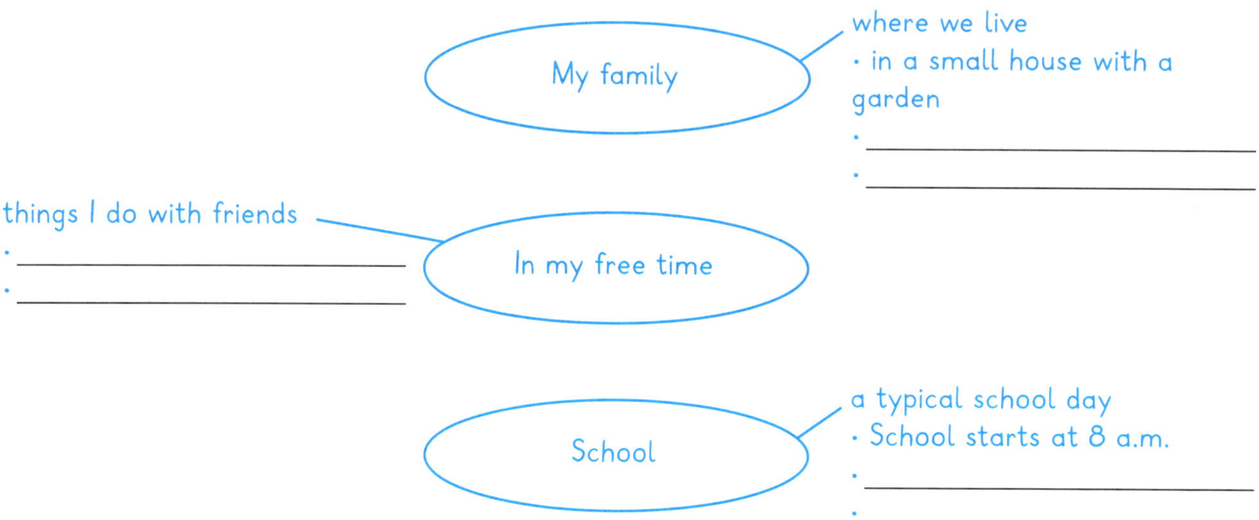

b) Über dich selbst sprechen: *questions and answers*

Die folgenden Fragen sind typische Beispiele für den ersten Teil der Prüfung. Lies die Antworten unter den Sprechblasen und ordne sie jeweils der passenden Frage zu. Notiere die Nummern der Fragen in den Kästchen vor den Antworten. Eine Frage kann für mehrere Antworten passend sein.

1. What do you like to do in your free time?
2. How do you usually spend your holidays?
3. Can you describe a typical school day?
4. What do you want to do when you finish school?
5. Tell me about where you live.

a)	☐	I live in a large apartment in the middle of town with my mum and brother. There are a lot of shops nearby, and I really like living so close to everything. We live in a small town, but it has everything we need, and my friends are close by, too.
b)	☐	I have my own bedroom, which is great because I spend a lot of time in it. I usually just relax in my free time and listen to music on my bed or play my guitar on my sofa.
c)	☐	It depends on the school holidays. In the summer holidays, my family likes to go away, so we often spend a few weeks in Italy, Portugal or Denmark. I'm an active person, so I like to spend my holidays swimming, riding my bike, or hiking.
d)	☐	I don't do much. I usually just hang around at home or with my friends. I'm on my computer a lot, so that's probably what I spend most of my free time doing.

e)	☐	I have for example English, Maths, German and Spanish. My favourite subject is Chemistry – I like doing experiments and seeing how things react.
f)	☐	I don't know what I want to do. It's difficult to decide. I did work experience for two weeks in an office, which I liked, so maybe I'll try and do some training as a secretary after I leave school.
g)	☐	I'm planning on doing an apprenticeship as a plumber.
h)	☐	I get up around 6 a.m. and take the bus to school. School starts at 8 o'clock. That's too early for me!

c) Fragen beantworten

Nun bist du dran. Suche dir zwei von den Fragen in den Sprechblasen aus und formuliere eigene Antworten darauf.

Lösungshilfe

Versuche mindestens eine halbe Seite pro Frage zu schreiben, da du in Teil 1 der Prüfung ca. 2 Minuten sprechen sollst. Je ausführlicher du ein Thema vorbereitest hast, desto besser kannst du diese Zeit füllen. Versuche deine Antwort so zu formulieren, dass sie für die Zuhörenden interessant ist. Wenn du fertig bist, lass eine Klassenkameradin oder einen Klassenkameraden, deine Englischlehrerin oder deinen Englischlehrer deinen Text lesen und dir Tipps zur Verbesserung geben. Lies ihn nach dem Korrigieren laut vor und stoppe dabei die Zeit. Wie lange hast du gesprochen? Verlängere deinen Text bei Bedarf. Lies die Lösungsvorschläge im Lösungsheft, um ein paar neue Impulse zu erhalten.

Part 2 (ca. 2 Minuten pro Durchgang): *Information gap activity*

In diesem Teil der Prüfung sollst du Informationen geben und Informationen erfragen. Der Prüfer oder die Prüferin gibt jedem Prüfling eine Karte mit Informationen. Eine Karte ist eine Bild- oder Textkarte mit Informationen z. B. zu einem Restaurant, zu Sehenswürdigkeiten oder zu einer Veranstaltung. Die zweite Karte enthält kurze *prompts*, also Stichwörter, die du benutzen sollst, um dem Partner Fragen zu stellen. Die Rollen werden nach dem ersten Durchgang, der ungefähr zwei Minuten dauert, getauscht, und jeder Prüfling bekommt eine neue Karte mit neuen Inhalten. So ist jeder einmal Fragender und einmal Antwortender.

Wenn die Prüferin oder der Prüfer euch die Karten aushändigt, wird sie oder er z. B. sagen:

In this part you're going to talk to each other.

zu Prüfling 1:

Here is a card with some information about … (Thema)

zu Prüfling 2:

You don't know anything about … (Thema) *Ask your partner some questions about it. Use the words on your card to help you. Start when you are ready.*

Erste Übungen zu Part 2

TIPP Fragen bilden

Schau dir im Grammatikbuch noch einmal an, wie man auf Englisch Fragen bildet. Hier ein paar Hinweise:
- Fragen werden mit *What, When, Where, Which, Who, Why, How + do/does* gebildet, z. B.: *When does the camp end?*
- Fragen können auch mit einer Form von *to be* anfangen, z. B.: *Are there any other fun activities to do? Is it okay to bring my phone to camp?*
- Fragen können ebenso mit Modalverben wie *could, would, can, should* beginnen, z. B.: *Should we bring some lunch to camp? Can we choose our own activities?*

a) Fragen bilden
Thema 1: *Ask your partner some questions about summer camp.*
Bringe die Wörter in die richtige Reihenfolge, um Fragen zu bilden.

Zusatzaufgabe: Markiere die unterschiedlichen Satzteile in verschiedenen Farben: Fragewort – rot, Hilfsverb – grün, Subjekt – blau, Objekt – grau, Verb – gelb, Rest – pink.

1. when – it – start – does – ? When (FW) does (HV) it (S) start (V)?
2. the summer camp – who – is – for – ? ______
3. get – there – can – we – how – ? ______
4. what – can – activities – we – there – do – ? ______
5. the summer camp – is – where – ? ______

Thema 2: *Ask your partner some questions about the new Chinese restaurant that has just opened.*
Schreibe die passenden Fragen vor die Antworten. Achte auf die richtige Satzstellung.

6. ______ The name of the restaurant is King Panda.
7. ______ It opens at 11 a.m. and closes at 11 p.m.
8. ______ Meals cost between 5 € and 12 €.
9. ______ No, there aren't any tables outside.
10. ______ Yes, you can order take-away.

Überprüfe deine Antworten im Lösungsheft und korrigiere sie bei Bedarf.

b) Fragen und Antworten formulieren
Thema: *Share information with your partner about a new event at school.*
Schau dir auf der nächsten Seite die Informationskarten über eine neue Veranstaltung in der Schule an. Schreibe 5 Fragen und die Antworten dazu auf. Suche dir dann eine Partnerin / einen Partner und übe mündlich einmal als Fragender und einmal als Antwortender die verschiedenen Rollen.

Information Card:

Buy some fairtrade **chocolate-coated fruit and nuts** during our **Fairtrade Fortnight!**
From **April 5th** to **April 18th**
All money raised goes to our local soup kitchen to help feed the homeless.

Prices:

50c	half a banana dipped in chocolate
$ 1	whole banana, two pineapple slices or half an apple dipped in chocolate
$2.50	bag of chocolate-coated nuts
$1.50	small hot chocolate with oat milk (lactose free)
$2.00	large hot chocolate with oat milk (lactose free)
$3.00	fruit skewer (mixed fruit dipped in chocolate)

Visit us in the **school foyer** and **school canteen** to buy a banana or grab a bag of nuts, it's for a good cause!

Prompt Card:

event? when? where?
selling what? prices?
why?

Part 3 (ca. 2 Minuten): *Speaking prompts*

Im dritten Teil der mündlichen Prüfung bekommst du ein Bild oder Foto, das du beschreiben sollst. Die folgenden Schritte *(steps)* und Redemittel werden dir helfen, bei der Bildbeschreibung ruhig und strukturiert vorzugehen.

Step 1: Schau dir das Bild genau an. Nimm dir Zeit. Lies dir die Fragen unter dem Bild durch.

Step 2: Welche Situation wird dargestellt?

The picture shows ...

In the picture I can see ...

Step 3: Wo befinden sich die Personen (oder die Gegenstände) im Bild?

In the foreground/background/in the centre of the picture there is/are ...

In the top right-hand corner there is/are ...

There is/are ... behind/under ...

On the left/right I can see ...

At the bottom/top of the picture, I can see ...

Step 4: Was machen sie? (Achtung: Handlungen von Personen werden im *present progressive (-ing form)* benannt!)

The people are standing in front of.../are meeting ...

The woman is walking across.../sitting next to ...

Step 5: Wer könnten sie sein?
Was denken und fühlen sie?

I think the man/woman on the right/left is a … because of …

It seems they are upset/having fun/frightened because …

Step 6: Beantworte die Fragen (wenn nicht bereits erledigt) zu dem Bild. Hier kannst du in der Regel über dich selbst und eigene Erfahrungen, bezogen auf das Bild, sprechen.

Erste Übungen zu Part 3

a) **Bildbeschreibung:** ***Fill in the gaps with the right words.***

going on a trip | with my friends | signs | I think | summer | in the middle | there are | wearing | looks like | in the background | left | carrying | because

In the picture __________ __________ three girls. It __________ __________ they are at a train station because __________ __________ __________ you can see some information boards and some __________ . The girls are smiling and look happy. They are all __________ big backpacks, so I think they must be __________ __________ __________ __________ . I think it must be __________ because the girl on the __________ is wearing shorts and a T-shirt, and has sunglasses on her head. The girl __________ __________ __________ is wearing jeans, a T-shirt and a hat. The girl on the right is also __________ jeans and has long blond hair. __________ __________ they are going camping __________ the girl on the left has a camping mat on her backpack. I also like to go camping in summer and would love to go on a camping trip __________ __________ __________ when I finish my exams.

TIPP

Denk daran, dass man ein Bild im *simple present* beschreibt: "In the picture I can see a man and a dog." Auch Gefühle beschreibt man im *simple present:* "The man looks very angry."
Die Tätigkeiten der Personen werden jedoch im *present progressive (-ing form)* benannt: "The man is wearing a checked shirt and is walking the dog in a park."

b) Bildbeschreibung: *Talk about what you see.*
Stelle dir jetzt vor, du bist in der Prüfung:

Now I'm going to give you a picture. Here is your picture. Talk about what you see. You have two minutes.

Extra prompts:
1. *Talk about your mobile phone.*
2. *Can you imagine life without your phone?*
3. *What disadvantages are there in having a mobile phone?*
4. *Where do you get the money for your phone bills?*

Lösungshilfe

Fange mit der Situation an: Was siehst du? Benutze Redemittel wie *in the centre of the picture* und *in the background,* um einen ersten Überblick der Personen und Gegenstände im Bild zu schaffen: *In the centre of the picture I can see two teenagers. They are sitting outside …* Was machen die Personen? Achte darauf, dass du die *-ing* form benutzt: *The girl is holding a mobile phone. It looks like she's taking a selfie.* Nachdem du das Bild ausführlich, aber nicht mit unnötigen Details, beschrieben hast, gehe auf die Fragen neben dem Bild ein.

B 3 Die mündliche Prüfung für den E-Kurs

B 3.1 Zum Aufbau der mündlichen Prüfung

Die mündliche Prüfung dauert insgesamt 12–15 Minuten und setzt sich aus drei Teilen zusammen:
Part 1: *Speaking about yourself*
Part 2: *Speaking prompts*
Part 3: *Paired/group discussion*

Auf den folgenden Seiten findest du detaillierte Informationen und Übungsvorschläge, um dich optimal auf die mündliche Prüfung vorzubereiten.

INFO zum Prüfungsablauf

1. **Speaking about yourself (1–2 Minuten):**
   short questions and answers
2. **Speaking prompts (2–3 Minuten):**
   überwiegend monologische Aufgabe mithilfe von *pictures, audio materials* oder *realia*
3. **Paired/group discussion (2–4 Minuten pro Prüfling):**
   Diskussion von *visual material* o. Ä.

B 3.2 Tipps, Strategien und Übungen zur Vorbereitung

Part 1 (ca. 2 Minuten): *Warm up* und *Speaking about yourself*

Zur Beginn der Prüfung wird deine Lehrerin oder dein Lehrer dich begrüßen und dir ein paar kurze Fragen als *warm up* stellen, z. B.:

How are you today?
What's your name?
How do you spell your first/last name?

Deine Lehrerin oder dein Lehrer wird dann ein paar Fragen zu unterschiedlichen Themen stellen, z. B.:

Where do you live?
Do you have any brothers or sisters?
Do you have any pets?

Can you tell me something about what you do in your free time? Can you tell me something about your hobbies?

Do you have any favourite subjects?
What are you going to do after you finish Year Ten?

Versuche nun ein paar erste Übungen.

Erste Übungen zu Part 1

a) Ideen sammeln und Wortschatz aktivieren mit Mindmaps

Mithilfe von **Mindmaps** kannst du dich thematisch auf den ersten Teil der Prüfung vorbereiten. Sie helfen dir, erste Ideen für Gesprächsstoff in der Prüfung zu sammeln. Fülle die Mindmaps stichpunktartig mit Informationen über dich aus. Wähle anschließend weitere Themen aus den oben genannten Fragen aus und lege mehrere Mindmaps zur Vorbereitung an.

My family
where we live
- in a small house with a garden
- ______________________
- ______________________

In my free time
things I do with friends
- ______________________
- ______________________

School
a typical school day
- School starts at 8 a.m.
- ______________________
- ______________________

b) Über dich selbst sprechen: *questions and answers*

Nutze die Mindmaps, um ausführliche Antworten zu den oben genannten Fragen zu formulieren.

c) Frage-Antwort-Spiel

Schreibe mit einer Partnerin oder einem Partner Fragen auf Karteikärtchen und legt den Stapel vor euch hin. Zieht jeweils abwechselnd eine Karte und stellt eurem Gegenüber die darauf notierte Frage, bis der Stapel leer ist. Achtet darauf, die Fragen ausführlich zu beantworten.

TIPP Part 1

Je ausführlicher du über ein Thema sprichst, desto besser kannst du die Zeit füllen und das Gespräch zu deinem Vorteil lenken.

Part 2 (ca. 2 Minuten): *Speaking prompts*

Im dritten Teil der mündlichen Prüfung sollst du ein Bild oder Foto beschreiben. Die folgenden Schritte *(steps)* und Redemittel werden dir helfen, bei der Bildbeschreibung ruhig und strukturiert vorzugehen.

TIPP Vorbereitung für Part 2

Nutze Bilder aus dem Lehrwerk, aus Zeitschriften oder dem Internet, um mit einer Partnerin / einem Partner zu üben:

1. Beschreibe ein Bild aus dem Lehrwerk. Wie schnell kann dein Gegenüber das Bild finden?
2. Beschreibe ein Bild. Dein/-e Partner/-in versucht, das Bild nach deiner Beschreibung zu zeichnen. Vergleicht es mit dem Original!

Step 1: Schau dir das Bild genau an. Nimm dir Zeit. Lies dir die Fragen zu dem Bild durch.

Step 2: Welche Situation wird dargestellt?

The picture shows ...

In the picture I can see ...

Step 3: Wo befinden sich die Personen (oder die Gegenstände) im Bild?

In the foreground/background/ at the centre of the picture there is/are ...

In the top right-hand corner there is/are ...

On the left/right I can see ...

There is/are ... behind/under ...

The people are standing in front of.../are meeting ...

At the bottom/top of the picture, I can see ...

The woman is walking across.../sitting next to ...

Step 4: Wer könnten sie sein? Was machen sie? (Achtung: Handlungen von Personen werden im *present progressive (-ing form)* benannt!) Was denken und fühlen sie?

It seems they are upset/having fun/frightened because ...

I don't think she is very happy/ enjoying herself because ...

The man looks happy/ sad/worried, because ...

The old woman is reading/ talking to a friend/eating ...

The children are probably talking about ...

Maybe he is thinking that ...

Step 5: Beantworte die Fragen (wenn nicht bereits erledigt) zum Bild. Hier kannst du in der Regel über dich selbst und eigene Erfahrungen, bezogen auf das Bild, sprechen.

TIPP

Denk daran, dass man ein Bild im *simple present* beschreibt: *"In the picture I can see a man and a dog."* Auch Gefühle beschreibt man im *simple present: "The man looks angry."*
Die Tätigkeiten der Personen werden jedoch im *present progressive (-ing form)* benannt: *"The man is wearing a checked shirt and is walking the dog in a park."*

Erste Übungen zu Part 2

a) Bildbeschreibung: *Fill in the gaps.*

Nutze das Bild und die *extra prompts*, um den Lückentext zu vervollständigen.

Extra Prompts:
1. *What can you see?*
2. *Do you often go camping or travelling?*

In the picture there are ____________________ . It looks like they are at ____________________ because in the background ____ ____________________ . The girls are smiling and look happy. You can see they are friends. I would say they are ____ because they are carrying ____________ ____________ and the girl in the middle of the picture and the girl on the left have camping mats. It must be ____________ because they are wearing summer clothes and accessories like ____________ ____________ and ____________ . I'd say they have probably just finished school and are on summer holidays. In my summer holidays ______________________________

____

____

____

____

____

b) Bildbeschreibung: *Talk about what you see.*
Stelle dir jetzt vor, du bist in der Prüfung. Die Prüferin/der Prüfer sagt:

Now I'm going to give you a picture.
Here is your picture. Talk about what you see.
You have two minutes.

Extra prompts:
1. *What do you think about fast food?*
2. *Do you have a healthy or unhealthy diet?*
3. *Do you often eat out?*
4. *What other activities do you do with your familiy or friends?*

Lösungshilfe

Fange mit der Situation an: Was siehst du? Beschreibe, was du siehst, um dir einen ersten Überblick über die Personen und Gegenständen im Bild zu verschaffen. Was machen die Personen? Achte darauf, dass du die *-ing form* benutzt, wenn du Tätigkeiten beschreibst: *They are eating and drinking. It looks like they are in a fast food restaurant.* Nachdem du das Bild ausführlich, aber nicht mit unnötigen Details, beschrieben hast, gehe auf die Fragen ein, die neben dem Bild stehen. Ernährst du dich gesund? Was hältst du von *fast food*? Gehe die einzelnen Schritte durch, die dir auf den vorherigen Seiten präsentiert wurden, um diesen Teil erfolgreich zu meistern. Schau dir den Lösungsvorschlag im Lösungsheft an.

c)
Versuche es nun noch mal. Lies anschließend den Lösungsvorschlag im Lösungsheft.

Extra prompts:
1. *Do you play sport?*
2. *Is staying fit important to you?*
3. *Do you like to watch sport in your free time?*
4. *What other free time activities do you do?*

Part 3 (ca. 2 Minuten): *Paired/group discussion*

Im letzten Teil wirst du aufgefordert, mit deinem Partner oder deiner Partnerin ein Gespräch **(2–4 Minuten pro Prüfling)** zu einem vorgegebenen Thema zu führen. Zusammen sollt ihr zu einer Einigung kommen oder etwas planen. Es wird von dir erwartet, dass du deine Meinung darstellst und gute Argumente nennst, um deine Position zu unterstützen. Dabei ist es auch wichtig, auf die Ideen oder Vorschläge deines Partners oder deiner Partnerin einzugehen, damit das Gespräch authentisch wirkt und aufrechterhalten wird.

Erste Übungen zu Part 3

a) Redemittel zur Diskussion – Zuordnungsübung

Ordne die Redewendungen und Satzanfänge den passenden Sprechabsichten in der Tabelle zu.

Let's … | That sounds good. | Let's do that. | You're right. | I think we should … because

Why don't we …? | I think … would be better. | I'd prefer … | I'm not sure … is such a good idea.

Make a suggestion	**Agree with a partner**	**Disagree with a partner**
What do you think of…?	Yes, okay.	I don't think that's a good idea.

b) Diskussion über ein Geschenk

Stelle dir jetzt vor, du bist in der Prüfung:

Here is your picture. Your friend has moved into a new home. She is having a house-warming party at the weekend and has invited you and your friends to come. You would like to buy her a present together. Look at the ideas in the picture and decide on which present you would like to buy her.

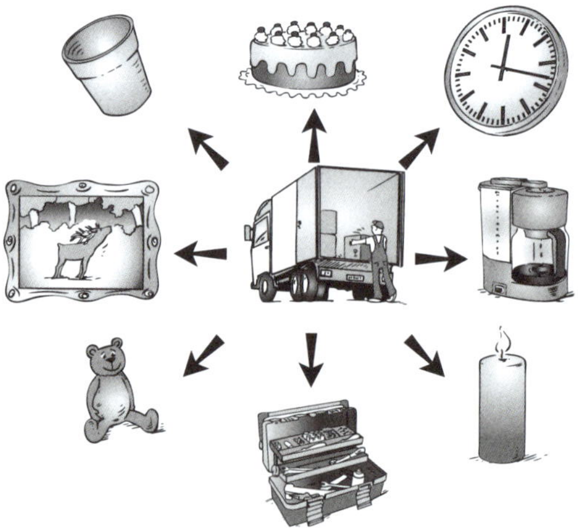

Lösungshilfe

Wichtig ist hier nicht, welches Geschenk ihr aussucht, sondern vielmehr die Aufrechthaltung des Gesprächs und die Vertretung der eigenen Meinung. Vergiss nicht, am Anfang die Situation zu schildern: *"Jenny has moved into her new house and we're invited to her house-warming party. We should get her a present together. What do you think?"* Gib immer Gründe an, warum du ein Geschenk gut oder nicht so gut findest: *"I think she already has a really good coffee machine. How about we get her a clock for her kitchen? Her last one broke in the move."* Gehe auf die Vorschläge und Ideen deines Partners/deiner Partnerin ein: *"That's a good idea, but I think she would like candles more."* Es ist nicht unbedingt wichtig, dass ihr euch am Ende der Zeit einig seid, solange die Diskussion ausführlich war.

c) Weitere Diskussionsvorschläge

Discuss the topics with a partner and come to a decision.

1. Your friend wants to go out for an evening together. Where will you go? Choose from the cinema, museum, bowling, disco, concert, art gallery.
2. You and your friend are going to London for the weekend. What two last things should you pack? Choose from an umbrella, a dictionary, a map, a camera, good walking shoes, a rain jacket.

TIPP ***Make it realistic!***

Versuche mit Mimik, Gestik und Betonung, die Diskussion ins Leben zu rufen! So wird deine Diskussion sehr authentisch wirken!

A survival bag of phrases for your oral exam

1) Expressing an opinion "I think that ..." I think/believe ... In my opinion ... It seems to me that ... I'm sure that ...	**2) Asking for an opinion** "I want to find out what my partner thinks." What do you think? What do you think about ... (-ing...)? Do you have any ideas? How do you feel about ...?
3) If you didn't understand your partner "I don't understand what my partner said/means." Sorry, I didn't quite get/understand/catch that. Pardon? Could you say that again, please? Do you mean ...?	**4) Making suggestions** "I have an idea." What/How about ...? Let's ... I think we should ... because ... Why don't we ...?
5) Agreeing "My partner is right." That's a great/good idea. That sounds good. Let's do that. I agree./You're right.	**6) Disagreeing** "I think my partner is wrong." I think ... would be better. I'd prefer ... I'm not sure ... is such a good idea. Sorry, but I don't agree with you/that.
7) Showing interest in what your partner is saying "That's interesting." Really? Do you think so? I see ... / Well ... That's interesting.	**8) How to buy yourself time (to think) in a conversation** "I need more time to think of an answer." That's a good question. Hmm, I'm not sure. Let me think ... It depends .../ Well ...

Teil C Arbeitstechniken für die schriftliche Prüfung

Wie in Teil A beschrieben, setzt sich die zentrale Prüfung aus vier Teilen zusammen: Hörverstehen, Leseverstehen, Sprachmittlung (Mediation) und Schreiben. In diesen Teil findest du Aufgaben und Übungen, die dir helfen werden, topfit auf die Prüfung vorbereitet zu sein!

C 1 Arbeitstechnik Hörverstehen

Das Hörverstehen ist der erste Teil der zentralen Abschlussprüfung, dauert circa 30 Minuten und setzt sich aus vier unterschiedlichen Aufgabenteilen zusammen. **Aber keine Panik!** Du wirst alle Texte zweimal hören und hast auch in der Regel genug Zeit zwischen den Aufgaben, dich auf die nächste Frage einzustellen.

TIPP vor dem Hören

Markiere wichtige Wörter in der Aufgabenstellung, um dich auf das Wichtigste zu fokussieren. Vergiss dabei nicht, dass andere Wörter im Hörtext benutzt werden könnten, um das Gleiche auszudrücken.

C 1.1 Goldene Regeln

Vor dem Hören

- Es ist wichtig, dass du eine Vorstellung davon hast, worum es im Hörtext ungefähr gehen wird. Lies also die Aufgabenstellungen in Ruhe genau durch, bevor die Höraufgabe beginnt.
- Nach dem Lesen fange an, dir Gedanken darüber zu machen, welche Wörter du wahrscheinlich hören wirst. So kannst du schon einige Ideen sammeln, worum es gleich in Hörtext gehen wird. Zum Beispiel: Wenn du eine Frage über das Wetter siehst, könnte es sein, dass du Wörter wie *sunny, rainy, nice, beautiful, horrible, temperature* hörst. Du kannst auf den nächsten Seiten Übungen ausprobieren, die deinen Wortschatz aktivieren.
- Nutze dein Allgemeinwissen! Es gibt viele Dinge, die selbstverständlich sind und dein Vorwissen darüber, wie die Welt funktioniert, ist hier vom Vorteil. Mithilfe dieses Wissens kannst du dich leichter auf die Situationen einstellen und besser einschätzen, welche Informationen du gleich hören wirst. Vielleicht gibt es Antworten, die bereits im Vorfeld logisch oder sinnvoll erscheinen.

Während des Hörens

- Bleibe entspannt. Du musst nicht alles verstehen. Konzentriere dich auf das Wesentliche, also auf die Dinge, die du brauchst.
- Um dich besser auf die Aufgabe zu konzentrieren, kannst du dir kurze Notizen machen.
- Wenn du eine Antwort verpasst oder nicht beantworten kannst, lass dich nicht aus der Ruhe bringen. Höre weiter, sodass du den Anschluss nicht verlierst. Versuche, die Aufgabe beim zweiten Durchgang zu lösen – es wird dir beim zweiten Mal schon leichter fallen, da nicht alles neu ist, was du hörst.
- Achte auf nonverbale Informationen. Den Tonfall, die Satzmelodie oder Lautstärke der Sprecher geben dir viele zusätzliche Informationen, wie z. B., ob der Sprecher eine Frage stellt oder eine Aussage macht oder ob der Sprecher glücklich oder wütend ist. Auch Hintergrundgeräusche können dir Informationen geben, die hilfreich sind, um die Aufgabe erfolgreich zu lösen.
- Kontrolliere deine Antworten. Vervollständige deine Antworten und nutze deine Notizen, falls du am Ende der Höraufgabe noch Lücken hast. Vergiss nicht, immer eine Antwort zu geben, denn es gibt keinen Punktabzug für falsche Antworten. Wenn du wirklich unsicher bist, überlege dir, ob du einige Antworten logisch ausschließen kannst oder durch dein Allgemeinwissen selbst erschließen kannst. Wenn du nicht mehr weiterweißt, ist es immer einen Versuch wert zu raten, bevor du eine Frage auslässt! Vielleicht hast du ja Glück!

C 1.2 Die drei Hörverstehensarten

Es gibt drei verschiedene Arten von Hörverstehen:
- globales Verstehen
- selektives Verstehen
- detailliertes Verstehen

Wenn du vor dem Beginn des Hörtextes unterscheiden kannst, um welche Art des Hörens es geht, kann dir dies bei der Bearbeitung helfen. So kannst du vorweg entscheiden, ob du auf alles achten musst, oder nur auf die Hauptgedanken achten sollst.

Globales Hörverstehen
Hier musst du nur zeigen, dass du die Hauptgedanken erfassen kannst. Details sind nicht so wichtig.

Selektives Hörverstehen
Beim selektiven Hörverstehen sollst du bestimmte Information heraushören. Dies könnte z. B. eine Uhrzeit oder ein Datum sein.

Detailliertes Hörverstehen
Hier geht es darum, alle Einzelheiten (alle „Details") herauszuhören.

Auf den kommenden Seiten wirst du die Gelegenheit haben, alle drei Formen des Hörverstehens zu üben.

C 1.3 Aufgabenformate

In der Regel gibt es die folgenden Aufgabentypen:
Multiple Choice: Kreuze eine richtige Antwort von mehreren möglichen Lösungen an. Meistens gibt es drei oder vier Optionen. Es könnte Bilder dazu geben, oder einfache Sätze die du vervollständigen sollst.
True or False: Entscheide, ob die Aussagen, die sich auf den Hörtext beziehen, richtig *(true)* oder falsch *(false)* sind. Manchmal gibt es auch die Spalte *not in the text*. Hier musst du also entscheiden, ob die Information im Text richtig oder falsch ist oder gar nicht erwähnt wurde.
Gap Fill: Bei *gap fill*- oder Lückentext-Aufgaben musst du fehlende Informationen ergänzen, häufig in einer Tabelle, einem Satz oder in einem Formular.
Matching: Ordne Informationen richtig zu, z. B. ordne eine Überschrift einem Text zu.

TIPP Aufgepasst!

Sei vorsichtig! Manchmal sind die Lösungsmöglichkeiten sehr ähnlich, höre also genau hin! Achte auch auf Verneinungen!

C 1.4 Wie kannst du das Hörverstehen trainieren?

Es gibt viele verschiedene Möglichkeiten, dein Hörverstehen zu verbessern, und sie machen auch Spaß!
Idee 1: Schaue dir Filme auf Englisch an! Am besten solltest du einen Film aussuchen, den du gut kennst, denn es hilft dir, Vokabeln oder Phrasen zu lernen, wenn du bereits weißt, worum es geht. Nicht vergessen, dass die englischen Untertitel dir helfen können, dem Gesprochenen genauer zu folgen.
Idee 2: Höre dir englische Musik an! Kannst du grob heraushören, worum es im Lied geht? Schaue den Text im Internet nach – lagst du richtig?
Idee 3: Schaue dir kurze Nachrichten- oder Fernsehprogramme an. Nutze die Bilder, um der Story zu folgen. Tipp: Es hilft, wenn du zu erst die Nachrichten auf Deutsch hörst oder siehst, denn so kannst du die Themen besser wiedererkennen.
Idee 4: Höre englisches Radio! Worüber wird geredet? Verbessere somit dein globales und vielleicht dein detailliertes Hörverstehen.
Idee 5: Nutzte das Internet, um von zahlreichen Quellen wie YouTube zu profitieren. Auch gibt es tolle Websites für Englischlerner, wo du dein Hörverstehen trainieren kannst.
Es gilt: **Je mehr desto besser!**

C 1.5 Jetzt bist du dran

Fasse die wesentlichen Punkte zusammen, wie du beim Hörverstehen vorgehen sollst und worauf du achten sollst:

____
____
____
____
____
____
____
____
____
____

Welche Tipps hast du dir gemerkt?

____
____
____
____
____
____
____

Welche Methode erscheint dir zum Üben des Hörverstehens am spannendsten?

____
____
____
____
____
____
____

Und nun: ab zu den Übungen!

C 1.6 Erste Übungen zum Hörverstehen

Bisher hast du Informationen, Tipps und Tricks für den Prüfungsteil Hörverstehen oder *Listening* erhalten. Hier findest du gleich einige Aufgaben in verschiedenen Formaten für die erste Übung. Die Audio-Dateien findest du auf der Internetseite www.finaleonline.de. Gib dort den auf Seite 2/3 genannten Code ein. Schaue dir kurz die Aufgabenstellungen an, aber starte den Track erst, nachdem du die darauffolgenden Schritte oder *steps* bearbeitet hast.

TIPP Three important steps

1. Lies die Aufgabenstellungen genau, um die Situation zu verstehen.
2. Mach dir klar, nach welcher Information du im Hörtext suchen sollst.
3. Überlege dir, welche Wörter und Begriffe du im Zusammenhang mit dieser Information erwartest.

Listening Part 1
Beispiel 1

Track 1

- You will hear a short conversation.
- You can listen to the conversation twice.
- There are three pictures.
- Choose the correct picture and put a tick ✔ in the box below it.

1. How will the man travel to New York?

A ☐	B ☐	C ☐

Step 1: Lies dir die Aufgabenstellung genau durch. Schau dir die Bilder an.
Step 2: Worum geht es? Was sind die Schlüsselwörter? Aktiviere deinen Wortschatz.
man, travel, New York
Step 3: Auf welche Begriffe musst du gleich achten? Welche Wörter erwartest du?
Can/can't travel by plane/train/bus, delay, on time, fastest/cheapest …
Höre dir jetzt den Hörtext an. Beim nächsten Beispiel kannst du diese Schritte selbst ausprobieren.

Beispiel 2

Track 2

- You will hear a short conversation.
- You can listen to the conversation twice.
- There are three pictures.
- Choose the correct picture and put a tick ✔ in the box below it.

2. What are the two boys going to eat?

A ☐	B ☐	C ☐

Step 1: Lies dir die Aufgabenstellung genau durch. Schau dir die Bilder an.

Step 2: Worum geht es? Was sind die Schlüsselwörter? Aktiviere deinen Wortschatz.

____

Step 3: Auf welche Begriffe musst du gleich achten? Welche Wörter erwartest du?

____

Höre dir jetzt den Hörtext an und löse die Aufgabe. Kontrolliere deine Antwort im Lösungsheft.

Lösungshilfe

Sollte deine Antwort nicht richtig sein, höre dir den Text noch mal an. Jetzt, wo du die Antwort weißt, kannst du gezielter zuhören.

Listening Part 2

Track 3

In Part 2 hast du häufig Sätze, die du mithilfe der Informationen aus dem Hörtext vollenden sollst.

- Listen to Tim telling his teacher about his summer job in a camp in the USA.
- Tick ✔ **A**, **B** or **C**.

1. Tim's job started	A	in June.	☐
	B	in July.	☐
	C	in August.	☐
2. He usually worked	A	five days a week.	☐
	B	every day.	☐
	C	five hours a day.	☐
3. He really liked	A	the food.	☐
	B	working with the kids.	☐
	C	speaking English.	☐
4. He stayed in	A	a hotel.	☐
	B	his own room.	☐
	C	a youth hostel.	☐
5. He earned	A	$10 an hour.	☐
	B	$20 a day.	☐
	C	$1,000 for two months.	☐
6. His future plans are	A	to buy a new car.	☐
	B	to go to the Bahamas.	☐
	C	to write e-mails to his friends.	☐

Step 1: Lies die Aufgabenstellung genau durch. Markiere bereits in den Fragen die Schlüsselwörter, die dir später als Signalwörter beim Hörverständnis helfen.
Unterstreiche z. B. *started, usually worked, really liked, stayed in, …*

Step 2: Mache dir klar, nach welchen Informationen im Hörtext du suchen sollst. Welche Antwortmöglichkeiten gibt es?

Step 3: Aktiviere deinen Wortschatz. Auf welche Begriffe musst du achten? Welche Wörter erwartest du? Welche Wörter könnten im Hörtext vorkommen, die den gleichen Sinn haben?
z. B. *June = start of summer, August = end of summer, a week/a day = per week/day, every week/day, kids = children, own room = private room, earned money = made money, future plans = next plans*

Höre dir den Hörtext jetzt an und löse die Aufgabe. Kontrolliere deine Antworten anschließend im Lösungsheft.

Lösungshilfe

Lass dich von den Akzenten der Sprecher nicht verwirren. Konzentriere dich auf den Inhalt und die zur Auswahl stehenden Antwortmöglichkeiten. Du musst nicht alles verstehen, sondern nur „selektiv" hören, also dich nur auf bestimmte Informationen konzentrieren, die für die Bearbeitung der Fragen wichtig sind.

Listening Part 3

Track 4

In Part 3 musst du häufig Lücken mithilfe der Informationen aus dem Hörtext ausfüllen.

You will hear an interview with a British woman talking about Boxing Day.
- For each question, fill in the missing information in the space.

1. Date of Boxing Day:	______
2. It is called Boxing Day because	*all the rich people* ______ *to their servants.*
3. Presents were given in	*small* ______
4. Today on Boxing Day people 5.	______ ______ *or watch TV*
6. On Boxing Day, the speaker's family usually	*goes to the* ______

Die ***three steps*** gelten auch hier. Lies die Aufgaben genau durch, markiere Schlüsselwörter, die wichtig sind und überlege, welche Art von Informationen und welche Vokabeln du erwartest.
Wenn du die ***three steps*** durchgeführt hast, höre dir den Hörtext an und löse die Aufgabe. Kontrolliere deine Antworten anschließend im Lösungsheft. Höre dir den Text eventuell noch einmal an, um bei falschen Lösungen die richtige Antworten gezielt herauszuhören.

Lösungshilfe

Bewahre die Ruhe über die gesamte Länge des Hörtextes. Du hast immer den zweiten Durchgang, um deine Antworten zu vervollständigen oder zu überprüfen. Konzentriere dich vorrangig auf fehlende Details. Du musst nur Stichwörter schreiben. Kannst du bereits im Voraus aus deinem Allgemeinwissen einige Antworten erraten? Wenn ja, ist es wichtig, dass du deine Vermutungen während des Hörens überprüfst.

Listening Part 4

Track 5

In Part 4 musst du häufig *true or false*-Aufgaben lösen. Du bekommst möglicherweise ein *interview* oder einen *report* zu hören. Denke an die ***three steps!***

- Listen and answer the questions.
- For each question, decide whether each sentence is true or false.
- Put a tick ✔ in the correct box 'true' or 'false'.

No.	**Statement**	**true**	**false**
1.	The new British Heritage Pass is valid for four days.		
2.	It gives unlimited admission to homes, castles and gardens.		
3.	It costs £20.		
4.	It is available to everybody.		
5.	The British Heritage Pass is also available for one month.		

Lösungshilfe

Es kann vorkommen, dass du verschiedene Wörter oder Begriffe hörst, die dir nicht vertraut sind. Versuche die Wörter aus dem Kontext zu erschließen. Nachdem du den Einleitungssatz gelesen hast, weißt du, dass es in dem Hörtext um etwas Attraktives für Besucher in Großbritannien geht. Wenn du die fünf Aufgaben gelesen hast, kannst du dir denken, dass es sich um so etwas wie einen Ausweis oder Ticket für Besucher handeln muss. Nutze dein Allgemeinwissen und überlege, welche Informationen gegeben werden könnten. Sicherlich sind dir solche Ideen eingefallen:
- wie lange der Ausweis/das Ticket gültig ist
- wo man ihn einsetzen kann
- was er kostet
- wer ihn kaufen kann

Lies die Aufgaben noch einmal. Dann wird es dir leichter fallen, die Wörter aus dem Sinn zu erschließen. Ein guter Tipp ist auch, die Lesezeit zu nutzen, unbekannte Wörter nachzuschlagen, nachdem du alle Teile der Prüfung schon einmal durchgelesen hast. Manche unbekannte Wörter brauchst du für die Lösung nicht.

Achtung: Die Fragen sind nicht immer in der Reihenfolge aufgelistet, in der sie im Hörtext vorkommen.

C 2 Arbeitstechnik Leseverstehen

Die Überprüfung des Leseverstehens ist der zweite Teil der Zentralen Abschlussprüfung. Dieser Bereich besteht aus vier Teilen. Die Aufgabenstellungen unterscheiden sich nicht übermäßig von denen der Hörübungen, doch beziehen sie sich in diesem Fall auf einen Text, den du in aller Ruhe lesen kannst. Nach den Hörübungen kannst du dir den Rest der Zeit selbstständig einteilen.

Du sollst bei den Aufgaben zum Leseverstehen beweisen, dass du den gelesenen Text verstanden hast. Häufig fordert dich dein Deutschlehrer oder deine Deutschlehrerin auf, einen Text zu lesen, und stellt dann Fragen dazu. Beliebt sind die sogenannten W-Fragen (besonders Wer? Wo? Wann? Wie?) In Biologie musst du mithilfe eines Texts einen Steckbrief zu einem Tier schreiben und in Englisch liest du einen Fahrplan und musst anschließend beispielsweise herausfinden, wann der Zug nach Edinburgh fährt. Das Leseverstehen begegnet dir in fast jedem Unterrichtsfach, sodass du schon viele Erfahrungen sammeln konntest. Auf den nächsten Seiten werden dir die wichtigsten Lesestrategien und Aufgabenformen erklärt. Anschließend kannst du diese an Beispielaufgaben ausprobieren.

C 2.1 Arbeitstechniken und Lesestrategien

Ähnlich wie beim Hörverstehen teilt man den Leseprozess in drei Phasen ein: vor dem Lesen, während des Lesens, nach dem Lesen. Zu allen drei Phasen erhältst du Tipps, die dir beim Bearbeiten der Texte helfen.

Es gibt unterschiedliche Möglichkeiten, einen Text zu lesen. Welche Lesetechnik man einsetzt, hängt von den Informationen ab, die man dem Text entnehmen will. Im Folgenden werden dir die drei wichtigsten Methoden erklärt. Wenn du eine andere erfolgreich benutzt, solltest du diese natürlich auch in der Abschlussarbeit anwenden. Trotzdem ist das Üben der anderen Strategien anhand der Beispieltexte wichtig, da du dadurch eine größere Auswahl an Methoden hast, die du verwenden kannst.

Das ***skimming*** bezeichnet das überfliegende Lesen, durch das man sich schnell über das Thema oder den Inhalt informieren kann (globales Textverständnis). Wenn du zum Beispiel ein Referat vorbereitest und viele Texte zu deinem Thema im Internet findest, dann liest du diese quer, um schnell herauszufinden, ob du die Texte verwenden willst oder nicht.

Scanning nennt man auch suchendes Lesen. Diese Technik setzt du ein, wenn du eine ganz bestimmte Information suchst – eine Uhrzeit, eine Zahl oder Ähnliches. Wenn du die Zeitung liest und nur das Ergebnis eines Fußballspiels suchst, dann wirst du nicht die ganze Zeitung durchlesen, sondern nur den Sportteil nach dem Ergebnis absuchen.

Das detaillierte Lesen ***(careful reading)*** wendest du an, wenn du genaue Informationen aus dem Text benötigst, um die Aufgaben zu lösen. Wenn du die Hauptaussage erfassen oder die Geschehnisse einer Handlung in eine bestimmte Reihenfolge bringen musst, dann solltest du den Text sorgfältig lesen und den Großteil verstehen. Die folgenden Hinweise können dir dabei helfen.

C 2.2 Vor dem Lesen

TIPP Vorbereitung

1. Schau dir die Bilder an und lies die Überschrift oder den Titel des Texts. Worum geht es?
2. Aktiviere dein Vorwissen zu dem Thema des Texts.
3. Überlege, welche Wörter du zu diesem Inhalt kennst.

Vorwissen aktivieren

Bevor man lesen lernt, schaut man sich Bilderbücher an und weiß so, was in der Geschichte passiert. Später liest man den Titel eines Buches und überlegt, wovon es handeln könnte.

Hat der Lesetext in der Prüfung ein **Bild**, so kann es dir schon den Inhalt des Textes verraten. Schau dir auch den Titel an und stelle weitere Überlegungen zur Herkunft und Art des Textes an. Ähnlich wie bei den Hörtexten (Gespräch mit dem Arzt) hast du auch an den Lesetext bestimmte Erwartungen. Wenn auf dem Bild ein Gegenstand abgebildet ist, dann wird der Text von diesem Gegenstand (z. B. ein Handy) handeln. Es könnte eine technische Beschreibung (Gebrauchsanweisung) oder ein Bericht über Neuheiten auf dem Handymarkt sein. Du besitzt wahrscheinlich selbst ein Handy und weißt, wie man es benutzt. Automatisch fallen dir viele Wörter ein, die zu diesem Thema gehören. Überlege, welche englischen Begriffe dir einfallen. Viele technische Begriffe ähneln sich in beiden Sprachen, doch achte auf ***false friends.*** Das sind Wörter oder Begriffe, die ähnlich oder gleich klingen, aber etwas anderes bedeuten.

INFO false friends

Achte auf die „falschen Freunde". Das sind Wörter, die sich genau wie deutsche Wörter anhören und manchmal ähnlich geschrieben werden, aber etwas anderes bedeuten.

Deutsch – Englisch
Handy – *mobile phone, cell phone*
nützlich – *handy*
werden – *become*
bekommen – *get*

Aufgabenstellung beachten

Bevor du den Text das erste Mal liest, solltest du dir die Aufgabenstellung und die Fragen genau durchlesen, damit du weißt, was von dir verlangt wird und welche Informationen du herausfinden sollst. Lies den Text und markiere Textstellen und Wörter **(Schlüsselwörter),** die für das Beantworten der Fragen wichtig sind.

C 2.3 Während des Lesens

Wörter erschließen

Wenn du einen dir unbekannten Text liest, sei es nun in deiner Muttersprache oder in einer Fremdsprache, so wirst du wahrscheinlich auf Wörter treffen, die du nicht kennst. Das ist ganz normal und muss dich nicht beunruhigen. Häufig ist es nicht so wichtig, jedes Wort in einem Text zu verstehen, denn du kannst die Aufgaben auch so lösen. Manchmal ist eine Vokabel aber doch wichtig. Dann kannst du sie im Wörterbuch nachschlagen. Dies solltest du aber nur in Ausnahmefällen tun, da es sehr zeitaufwendig ist. Vorher solltest du versuchen, die Bedeutung des Wortes (oder der Wörter) aus dem Textzusammenhang zu erschließen. Dazu musst du den Satz intensiv lesen und vielleicht noch den davor und den danach zu Hilfe nehmen. Probiere es am folgenden Beispiel aus. Zur Übung haben wir das fehlende Wort gleich ganz weggelassen:

The man walked into a restaurant.
He was very hungry and asked the waiter for the ____________ .
He read it and ordered a large steak and potatoes.

Anhand dieser drei Sätze solltest du herausbekommen, welches Wort fehlt. Vielleicht kennst du das Wort auf Deutsch und nicht auf Englisch, aber das macht nichts. Du kannst dir die Bedeutung von bekannten Wörtern aus dem Zusammenhang erschließen. Manchmal hilft dir auch die deutsche Sprache weiter, denn viele Wörter werden auf Englisch ähnlich geschrieben (z. B. *intensive, logical, intelligent, friendly, guest, restaurant, family).* Bei anderen Wörtern helfen dir die Wortverwandtschaften. Wenn du die Bedeutung des Nomens kennst, dann kannst du dir die Bedeutung des Verbs selbstständig erschließen *(invention – to invent).* Diese Techniken kannst du auch in der Prüfung anwenden. Wenn das nicht funktioniert, kannst du das Wort im Wörterbuch nachschlagen.

TIPP Aufgabenstellung

Lies dir die Fragen zum Text genau durch: Welche Informationen sollst du herausfinden?
1. Sollst du gezielt nach bestimmten Informationen suchen (z. B. Uhrzeiten, Zahlen)?
2. Sollst du das Thema des Texts grob verstehen?
3. Sollst du die Hauptaussage des Texts verstehen?

Wörterbucharbeit

Das Arbeiten mit dem Wörterbuch hast du in den vergangenen Jahren im Englischunterricht und zu Hause geübt. Vielleicht besitzt du ein zweisprachiges Wörterbuch, das du auch zur Abschlussprüfung mitnehmen kannst.
Wenn du ein Wort nachschlägst, solltest du folgendermaßen vorgehen:

1. Schritt: das Wort im Wörterbuch finden

Alle Wörterbücher sind alphabetisch geordnet, wobei es nicht nur auf den ersten, sondern auch auf die folgenden Buchstaben ankommt. So wird das Wort *bathrobe* vor dem Wort *bathtub* stehen, da „r" vor „t" kommt. Auf jeder Doppelseite des Wörterbuchs findest du oben links und rechts fett gedruckte Leitwörter. Durch sie kannst du auf den ersten Blick erkennen, mit welchem Stichwort die linke Seite beginnt und mit welchem die rechte Seite endet. Solltest du nach zwei zusammenhängenden Wörtern suchen, kann es vorkommen, dass du unter dem zweiten Begriff nachschlagen musst.

2. Schritt: die passende Übersetzung finden

Die erste Übersetzung, die du im Wörterbuch findest, ist nicht immer die, die du suchst. Häufig haben englische Wörter mehrere deutsche Bedeutungen – und umgekehrt. In vielen Fällen helfen die kursiv gedruckten Informationen oder die kurzen Beispielsätze, die deutlich machen, in welchem Kontext der jeweilige Begriff verwendet wird. Lies dir alle Übersetzungsvorschläge durch und entscheide, welcher passt.

C 2.4 Nach dem Lesen

Achte auf die Zeit!

Wenn du Aufgaben schon nach dem ersten Lesen gelöst hast, bearbeite die anderen Aufgaben und kontrolliere anschließend alle Antworten.
Wenn du eine Aufgabe gar nicht bearbeiten kannst, kreuze immer eine Antwort an. Wenn du nichts ankreuzt, ist die Antwort auf jeden Fall falsch. So hast du eine Chance, die richtige Antwort zu erraten. Vielleicht bist du auch in der Lage, eine von drei oder vier Wahlmöglichkeiten (Multiple Choice) auszuschließen, sodass sich deine Chance erhöht, die richtige Lösung zu wählen.

C 2.5 Aufgabenformate

Multiple Choice

Bei diesen Aufgaben musst du die richtige Antwort aus mehreren herausfinden. Meistens gibt es drei oder vier Möglichkeiten, aber nur eine ist richtig. Die Anweisungen auf Englisch lauten beispielsweise so:

- Read the text and then answer the questions.
- For each question, mark the correct answer with a tick ✔.

In schools in the United States students …

A ☑ have their own locker.
B ☐ have different classes every day.
C ☐ stay in school until 5 p.m.
D ☐ drive their car to school.

True – false

Du musst entscheiden, ob die Aussage zu dem Text richtig oder falsch ist. Es kann auch sein, dass du gefragt wirst, an welcher Stelle im Text die Antwort steht. Hierfür gibt es dann eine dritte Spalte: „line/lines“. Es kann vorkommen, dass in der dritten Spalte „not in the text“ steht. In diesem Fall sollst du beantworten, ob der Satz richtig, falsch oder im Text gar nicht vorhanden ist.

- For each question, tick the correct answer.

	true	false	line/lines
1. In Germany all the students have lockers.	☐	☑	☐

Matching

Bei dieser Aufgabe musst du passende Teile einander zuordnen. Dies können Überschriften sein, die Textabschnitten zuzuordnen sind, oder Satzteile, die zerschnitten wurden und die du wieder richtig zusammensetzen musst.

- Decide which of the online shops described in the texts (A–B) is the best for each teenager below (1–2). Write the correct letter in the box next to the picture.
- Use each letter once only.

A Do you like to look good for a low price? We have designer clothing from all the big names at great prices! Browse through our second-hand offers for great deals on top label clothing!

B Order your favourite tracks from the biggest online store for music products. Looking for something unique? Don't worry – if we don't have it, we'll find it, guaranteed! Visit us online today!

1. 	☐	Megan loves designer clothes, but unfortunately, she doesn't have a lot of money to spend on clothes. She often likes to check out what the local charity shops have to offer.
2. 	☐	Jim plays in a band called "The Musicians". He likes to shop online for music he likes because often he just can't find it in regular music stores.

- The parts of the sentences have been mixed up. Match the correct parts of the sentences.

1.	After watching that long film last night,
2.	My mum knocked loudly on the door
3.	As I was late,
4.	So, after washing my face, I had a quick breakfast
5.	Wow, I was out of breath,

A	and told me to get up and ready for school.
B	I didn't have time for a shower.
C	I really needed to sleep in this morning.
D	but I just made it.
E	and ran for the school bus.

C 2.6 Erste Übungen zum Leseverstehen

Hier findest du als erste Übungen einige Aufgaben in unterschiedlichen Formaten.

Reading Part 1: Questions 1–5

In Part 1 bekommst du oft die Aufgabe gestellt, Schildern **genauere Details** zu entnehmen. Bearbeite die Aufgabenstellung entsprechend den folgenden Schritten *(steps)*.

Step 1: Lies die Aufgabenstellung.
Step 2: Überfliege die Überschriften der vier Texte, um dir einen ersten Überblick zu verschaffen.
Step 3: Lies die fünf *true/false*-Aufgaben gründlich durch und markiere wichtige Schlüsselwörter.
Step 4: Lies jetzt die Texte auf den Schildern genau, um die Lösungen zu finden. Hierbei kann es hilfreich sein, wichtige Stellen und Schlüsselwörter zu markieren.

- Read the texts below. Then read the statements **(1–5).**
- Decide whether the statements are **true** or **false.**
- Then tick ✔ the correct box.

Rabbits to a good home!

I am looking for a new home for our pet rabbits. I have 1 female and 4 male rabbits in two separate cages. We are moving overseas, so unfortunately, we have to sell them.

$15 / rabbit
Extra: Cage included if you take all rabbits
Contact: lucy.lucy@gmail.com

Fantastic Job Opportunity in Canada

Looking to improve your English?

Our world-class hotel is looking for enthusiastic people to join our international team!
Work at our hotel for twelve weeks and meet young people from all over the world.

Housekeeping and waitressing jobs available.

Flexible hours! Apply online:
www.internationalworkexperience.canada

CLOSED FOR HOLIDAYS

Dr Huntingtons's practice will be closed **over Christmas and the New Year.**
We reopen on the **4th of January.**

In case of an emergency, contact
Dr Stone, 76 Albert Street
Phone 9746-2975

Looking for something new?
LEARN TO PLAY THE PIANO!

Experienced teacher now taking new students
Students of all ages and levels welcome!
Private or group lessons possible.
Have your lessons in the studio or in your own home.

Contact me today to arrange your first free trial:

07176-79782
or lyndasmusicmagic@piano.net

	true	false
1. You need to have experience playing the piano before you can have lessons.	☐	☐
2. Lucy is selling her rabbits because she is now allergic to them.	☐	☐
3. Dr Stone's practice is closed on Christmas Day.	☐	☐
4. Individual piano lessons at your home are possible.	☐	☐
5. There are two types of job on offer at the hotel.	☐	☐

Lösungshilfe

Die Überschriften geben dir einen guten Überblick, worum es in den einzelnen Texten geht. Wichtig: Achte auf **alle Details** in den Aufgabenstellungen. Manchmal werden unterschiedliche Wörter oder Phrasen benutzt, um das Gleiche auszudrücken, z. B. *individual* statt *private*. Kontrolliere deine Antworten im Lösungsheft und überprüfe gegebenenfalls, an welchen Stellen du Fehler gemacht hast.

Reading Part 2: Questions 6–10

Step 1: Lies die Aufgabenstellung genau durch. Worum geht es?

Step 2: Fange bei den Informationen über die Personen an. Lies sie gründlich und markiere wichtige Stellen und Schlüsselwörter.

Step 3: Überfliege die Texte A–H und suche gezielt nach Schlüsselwörtern, die dir helfen, den Text einer Person zuzuordnen. Es kann hilfreich sein, die Wörter zu markieren.

Step 4: Lies jetzt die Texte gründlich durch, um sie den passenden Personen zuzuordnen. Beachte, dass es manchmal ähnliche Aussagen gibt. Daher ist es wichtig, die Texte gründlich durchzulesen und zu überprüfen, welche der Aussagen alle Details enthält, auf die es ankommt.

- Decide which dream house described in the advertisements **(A–H)** would be the most suitable for the people below **(6–10).** Write the correct letters in the box behind the numbers.

6. ☐	**Samir, Sweden:** Oh, my dream house? It is on the beach. You have a great view of the ocean and the beach, and it should be really big – a big house – with maybe an elevator, and maybe at least three cars and a cinema in the house as well. That would be cool.
7. ☐	**Cheryl, Guam:** If I had a dream house, I think that it would first of all be next to the ocean. I love the ocean. Secondly, it would probably have really high ceilings because I like places that are very airy and big and spacious. Thirdly, my dream house would definitely have a jacuzzi, a hot tub, something like that, and a very big, big bathroom and a big balcony.

8.	☐	**Jonathan, Carlisle:** To describe my dream house: it would actually be very simple. It would probably be a small apartment in a large city that was very strong on points of culture – maybe in Barcelona or some city like that. It would probably be a simple apartment in an entertainment, nightlife district with lots of culture around and a very lively scene.
9.	☐	**Emily, Djibouti:** My dream house? I don't want a big, big house, just as long as it's surrounded by nature. I don't want to live in a modern country or a big city like New York or Tokyo. I prefer quiet places where you can really meditate and live your life fully.
10.	☐	**Demelza, Australia:** My dream house would be two stories high. It would be made of wooden floor boards and plain white walls, and I think it would have Thai-style decor.

Quelle: www.elllo.org

Houses

A House in large development. Ideal for families with children. Three bedrooms and two bathrooms, large garden and deck. No garage. House needs some work but a little paint will help.

B Small, two-story country home with large vegetable garden. Simple floor plan and beautiful woodwork floors, ceilings and walls. Rooms painted a simple white with Asian furniture.

C Vacation home with three bedrooms, two bathrooms, swimming pool and whirlpool. All rooms are large and have very high ceilings. Master bedroom has a large balcony overlooking the blue waters of the Pacific.

D Small, private bungalow in a secluded corner of Pennsylvania. Direct access to national parks and quiet mountain lakes. Clean air and almost no neighbors. Fishing, hiking, biking and skiing within easy reach. Wildlife and birds come right up to your back door and windows. Leave busy, stressful life of the cities behind and find yourself again.

E This farm is a gem. It is a dream come true for somebody looking for a farm to start a new life. A large stone house sits on 200 acres of land.

F Large residence with huge plot of land. Sits on a cliff overlooking the Atlantic Ocean with direct access to the beach and boathouse. Five bedrooms, three baths, in-house swimming pool, billiard room and family entertainment room. Five-car garage, workshop and large parking area. All rooms equipped with digital TV, Internet access and intercom system. The house is three stories high and includes an elevator.

G Small cottage for sale in the heart of Ireland. Made of brick with three bedrooms and small bathroom. In a romantic valley with a wonderful view of the mountains around. Stable in the back for one horse. Ideal for a family or a holiday cottage.

H Small studio apartment located directly in the heart of one of Rome's hottest nightclub, cafe and restaurant scenes. One bedroom, small kitchen, living room and bathroom. Within walking distance of the Vatican City, Circus Maximus, Colosseum, Tivoli and other sights. Easy access to theater, markets, cinema, etc.

Lösungshilfe

Um z. B. ein passendes Haus für Samir zu finden, kannst du in den Texten A–H nach Stichworten wie *ocean, great view, really big, elevator, cinema* suchen. Auf den ersten Blick kommen sowohl Text C als auch Text F infrage, da beide darin beschriebenen Häuser am Strand liegen. Wenn du aber gründlicher liest, wird klar, dass nur das Haus in Text F über die Ausstattung verfügt, die Samir wichtig ist *(cinema, elevator etc.)*.

Reading Part 3: Questions 11–17

Step 1: Lies die Aufgabenstellung und die Überschrift. Worum geht es?

Step 2: Lies anschließend die Fragen und Antwortmöglichkeiten genau durch. Markiere wichtige Stellen und Schlüsselwörter.

Step 3: Lies den Text gründlich. Markiere wichtige Stellen und Schlüsselwörter, die sich auf die Aufgabenstellung beziehen. Notiere außerdem am Rand, worum es in dem jeweiligen Absatz geht.

Step 4: Löse die Aufgabe. Achte dabei auf die Details in der Aufgabenstellung.

- Read the text and then answer the questions.
- For each question, mark the correct answer with a ✔.

Veganism – just another trend or here to stay?

Check your supermarket aisles and you'll see it, more and more vegan products like vegan sausages or vegan "cheeze", even "nicecream" – vegan ice-cream – have been hitting the shelves over the past years.

But what exactly is veganism? And is it healthy?

Veganism is a way of living that does not include animal products. Leather shoes and belts, a woollen scarf or your shower gel that is tested on animals, all are no-goes in a vegan lifestyle. The vegan diet consists only of plant-based foods. That means no meat, no dairy, no fish, no eggs, not even honey on your toast. Instead, vegans eat a range of fruit and vegetables, pulses, legumes and whole grains, nuts and seeds.

For many, this sounds extreme. However, with more and more people going vegan – there were 600,000 vegans in the UK in 2018, a number four times higher than in 2013 – and trends like Veganuary (eating vegan in January each year), it might just be the diet of the future.

Worldwide there were 78 million vegans in 2020 – a massive jump in the last four years. Certainly, veganism is not new – the term "vegan" was first used in 1944. But with 2019 announced "the Year of the Vegan", it seems veganism is gaining popularity.

But why go vegan? It's mostly for ethical, health or environmental reasons. Marco Springmann, a public health researcher at Oxford University, says that eating vegan is the healthiest of all diets, minimizing chances of disease like cancer. Also, a vegan lifestyle has the lowest environmental impact.

Farming cows, sheep and pigs for food is hurting the planet and is unsustainable, says Springmann's research. Other researchers, such as Professor Peter Smith from the University of Aberdeen say the same, "we need to change our diets if we are to have a sustainable future. The fact that it will also make us healthier makes it a no-brainer."[1]

Springmann's research is clear. Our current eating habits are having a huge negative impact on our environment and they need to change if we are to feed a future population of 10 billion in 2050. To reduce global warming, we need to cut our consumption of beef by 75% and pork by 90%. This would help prevent deforestation, high water use and over fertilization from livestock farming that are responsible for more than a quarter of all greenhouse gas emissions.

But is a vegan diet really healthy? Opinions vary.

Whilst the documentary The Game Changers (2019), produced by big names James Cameron, Jackie Chan, Arnold Schwarzenegger, Lewis Hamilton, Novak Djokovic and Chris Paul showed how beneficial a vegan diet can be for strength and fitness, there are many others (doctors included) who think the vegan diet isn't healthy, causing vitamin and mineral deficiencies such as iron and calcium. Certainly, junk food vegans – vegans who don't eat a varied and fresh food diet – are very likely not eating a healthy diet.

The key is a balanced and high quality diet for a healthy and sustainable lifestyle, with a low environmental impact. Springmann's research shows that a flexitarian diet (eating vegetarian food and sometimes adding meat or fish) would help bring climate change under 2 degrees Celsius by halving carbon emissions produced by farming meat.

Whether vegetarian, pescetarian (a person who eats a vegetarian diet plus fish) or flexitarian, the way we think and talk about food is adapting to reflect the need for more sustainable food systems. And with big food companies like McDonald's, KFC and co. introducing vegan products onto their menus, it seems that veganism might just be here to stay.

Information based on: **1** https://www.theguardian.com/environment/2018/oct/10/huge-reduction-in-meat-eating-essential-to-avoid-climate-breakdown; https://www.theguardian.com/news/audio/2020/dec/28/revisited-is-veganism-the-future; https://gamechangersmovie.com/the-film/; https://wtvox.com/lifestyle/2019-the-world-of-vegan-but-how-many-vegans-are-in-the-world/

11. Veganism is ...
A ☐ a plant-based lifestyle.
B ☐ causing environmental problems.
C ☐ unpopular.

12. The number of vegans in the UK ...
A ☐ has slowly risen since 2013.
B ☐ has tripled since 2013.
C ☐ has quadrupled between 2013 and 2018.

13. According to Marco Springmann, veganism ...
A ☐ is healthy.
B ☐ is hurting the planet.
C ☐ is unsustainable.

14. Our current food system ...
A ☐ is responsible for deforestation.
B ☐ is sustainable if we eat less.
C ☐ doesn't provide enough food.

15. Farming livestock is responsible for ...
- A ☐ 20% of the world's greenhouse gases.
- B ☐ over 25% of the world's greenhouse gases.
- C ☐ 75% of the world's greenhouse gases.

16. A flexitarian ...
- A ☐ doesn't eat fish.
- B ☐ eats meat.
- C ☐ is vegan for health reasons.

17. Veganism ...
- A ☐ is changing how we think about food.
- B ☐ is just a trend.
- C ☐ has moved into mainstream society.

Reading Part 4: Questions 1–10

• The parts of the sentences have been mixed up. Match the correct parts of the sentences.

1.	Vegans don't like to eat meat
2.	A vegan diet has
3.	The Game Changers,
4.	Deforestation has to stop
5.	Whether healthy or not,
6.	Instead of cutting out all meat,
7.	Chronic disease such as cancer
8.	Some doctors warn against
9.	Fast food
10.	There are three main reasons to

A	a lower carbon footprint than meat-based diets.
B	vegans don't get the nutrients they need.
C	if we want to reduce global warming.
D	flexitarians eat meat only now and then.
E	for ethical reasons.
F	has been seen to decrease on a vegan diet.
G	veganism is rising in popularity.
H	going vegan.
I	which was about vegan athletes, came out in 2019.
J	switch to a vegan diet – ethical, health or environmental.

Lösungshilfe

Als Vorbereitung auf diese Aufgabe solltest du dein Wissen zu den folgenden Grammatikthemen auffrischen: *if sentences (conditionals), active and passive, relative clauses, participles* (Partizipien).

C 3 Arbeitstechnik Mediation (Sprachmittlung)

Der Prüfungsteil Mediation oder Sprachmittlung ist der dritte Teil der zentralen Abschlussprüfung. Diese Aufgaben testen deine Fähigkeit, wichtige Informationen von der einen Sprache in die andere zu übertragen. Es wird nicht von dir erwartet, dass du die Inhalte übersetzt, sondern vielmehr geht es darum, dass du sinngemäß und verständlich die Bedeutung und das Wesentliche in eine andere Sprache überträgst.

C 3.1 Aufgabenformate

Mögliche Aufgabenformate könnten sein:
ein Hinweisschild, ein Flyer, eine Karte, ein Poster, Inhalte eines kurzen Gebrauchstextes zu übertragen, oder du musst ein Gespräch zwischen zwei Personen vervollständigen, die nicht die gleiche Sprache sprechen.

C 3.2 Vorgehensweise

1. Wichtig ist immer, die Aufgabestellung gründlich zu lesen, denn sie gibt dir Anhaltspunkte, welche Informationen du weitergeben musst. Vergiss nicht, dass diese Aufgaben **keine reine Übersetzungsaufgaben** sind. Achte darauf, welche Sprache du verwenden sollst. Es könnte z. B. vorkommen, dass du im Gesprächstext zwischen den zwei Sprachen wechseln musst.
2. Nachdem du die Aufgabe gelesen und verstanden hast, schaue einmal über den Text. Finde heraus, worum es im Text geht und was für ein Text dich erwartet. Beim zweiten Lesen lies ihn genauer und unterstreiche oder markiere wichtige Wörter oder Teile, die wesentlich für die Lösung der Aufgabe sind. Nicht immer sind alle Teile oder Informationen für eine sinngemäße Übertragung wichtig, also stelle immer sicher, was genau von dir erwartet wird.
3. Versuche unbekannter Wörter aus dem Kontext zu erschließen, oder schlage sie im Wörterbuch nach. Lass dir Zeit und überlege, wie du die Inhalte am besten in kurze Sätze oder in Stichpunkten übertragen könntest. Schau dir die Hinweise auf Seite 33 an.

TIPP Vorgehensweise

- Übersetze nicht Wort für Wort!
- Lies die Aufgabestellung genau durch: Diese sagt dir, welche wesentlichen Infos gesucht oder gebraucht werden.
- Markiere das Wesentliche im Text.
- Lasse unwichtige Einzelheiten weg.
- Formuliere kurze und einfache Sätze.

TIPP Punkte

Achte auf die Punktzahl. Dies verrät dir, wie viele Informationen du vermitteln sollst.

C 3.3 Wie kannst du die Sprachmittlung trainieren?

Nutze das Internet und dein Lehrwerk! Hier findest du viele Möglichkeiten, Texte und Ähnliches sinngemäß zu übertragen. Vielleicht gibt es z. B. ein Bild von einer Speisekarte im Lehrwerk. Du könntest also versuchen, sie ins Deutsche zu übersetzen. Stelle dir dabei vor, dass du Kellner/in bist und sollst einem/r englischsprachigen Kunde/in helfen. Wie würdest du ihm/ihr die Speisen erklären? Im Internet findest du viele authentische Materialien. Vielleicht kennst du jemanden, der bald Urlaub im englischsprachigen Ausland macht? Er oder sie könnte Flyer oder Infoblätter für dich mitbringen. Aber keine Panik: Die Übungen in diesem Buch bereiten dich gut auf die kommende Prüfung vor.

C 3.4 Jetzt bist du dran

Fasse zusammen, wie du bei Mediationsaufgaben vorgehen sollst und worauf du achten sollst:

____

____

Welche Tipps hast du dir gemerkt?

Wie wirst du dich auf die Mediationsaufgaben vorbereiten?

Und nun: Ab zu den Übungen!

C 3.5 Erste Mediationsübungen

1. Du bist im Hotel in Liverpool mit deinen Eltern angekommen. Du siehst die folgenden Schilder. Deine Eltern sprechen wenig Englisch und fragen dich, was dort steht.

Under 18s will not be served beer.	Du musst volljährig sein um Bier zu bestellen.

Lösungshilfe

Hier siehst du eine mögliche Lösung. Du merkst bestimmt, dass es keine wortwörtliche Übersetzung ist. Diese Antwort wird die volle Punktzahl bekommen, denn der Sinn wurde korrekt wiedergegeben.

a) **Breakfast is served between 6:30 and 9:30 a.m.**

b) **Cars parked directly in front of the hotel will be towed away.**

c) **Our guests are kindly asked not to smoke in bed.**

Lösungshilfe

Vielleicht sind die Wörter wie *towed away* oder *kindly* nicht bekannt. Kannst du sie aus dem Kontext erschließen? Wenn du genauer liest, siehst du, dass du *kindly* gar nicht zu übertragen brauchst – die Bedeutung ist auch ohne das Wort klar. *Towed away* könnte man auch möglicherweise aus dem Kontext erraten, aber wenn du unsicher bist, schlage dies vorsichtshalber im Wörterbuch nach.

2.
Step 1: Lies dir die Aufgabenstellung genau durch.
Step 2: Überfliege den Text, um dir einen Überblick zu verschaffen.
Step 3: Lies den Text jetzt gründlich durch und markiere Stellen die dir beim Lösen der Aufgabe wichtig sein könnten.
Step 4: Löse die Aufgabe. Du sollst deiner Freundin etwas erklären, also schreibe bei der Lösung kurze, klare Sätze.

Du bist mit deiner Freundin in New York im Urlaub. Du siehst ein Poster für ein Broadway Musical. Da deine Freundin nicht so gut Englisch spricht, erklärst du ihr, was angeboten wird.

New York Broadway presents

Aladdin

Come and see the magical story of Aladdin brought to life on stage!

Let our well-known and talented stars take you on an unforgettable 2 hour adventure in one of the world's most famous theaters!
BOOK NOW!

Evening shows Tues-Sat, matinees on Wed, Sat and Sun.
Check our program or call 1800 276 2392 for more info.
Tickets from $49.50
Student, family and senior citizen concessions available
Running until June, so book your tickets today!

Lösungshilfe

Hier sollst du alle wesentlichen Details des Posters wiedergeben, so wie Titel der Show, Preise, wann sie stattfindet, wo man mehr Informationen bekommt und wie lange die Show am Broadway bleibt. Das Poster ist auf Englisch, also sollst du natürlich deine Antwort auf Deutsch schreiben. Gibt es Wörter die du nicht kennst? Versuche zuerst, sie aus dem Kontext zu erschließen. *Magical* und *talented* lassen sich gut erschließen, denn sie ähneln ihrer deutschen Übersetzung magisch und talentiert.

3.
Step 1: Lies die Aufgabenstellung genau durch.
Step 2: Überfliege den Text, um dir einen Überblick zu verschaffen.
Step 3: Lies den Text jetzt gründlich durch.
Step 4: Löse die Aufgabe. Schreibe kurze, klare Sätze.

Deine Freundin möchte gern Aladdin sehen und versucht gerade, am Schalter Tickets zu kaufen. Hilf ihr, mit dem Mann am Kartenschalter zu sprechen.

Your friend: Wir würden gern Aladdin sehen. Gibt es für heute Abend noch zwei Karten?

Box office salesman: I'm sorry, but tonight's show is sold out. How about another day?

Your friend: Gibt es Tickets für das Wochenende? Samstagabend vielleicht?

Box office salesman: Let me check. No, I'm sorry, that's also booked out. But the matinee is still available. It starts at 3 p.m. Would that be an option for you?

Your friend: Schade. Nein, Samstagnachmittag geht nicht, denn wir haben schon Tickets für die Bus Tour.

Box office salesman: How long are you staying in New York? There are still some seats available next Saturday. Or if you're not staying that long, the Wednesday night show is also available.

Your friend: Mittwoch klingt gut. Es ist bestimmt günstiger als am Wochenende. Wie teuer sind die Tickets am Mittwoch?

Box office salesman: That's right, the tickets are cheaper on Wednesday. I have tickets for $49.50 or $70.

Your friend: Wir nehmen die billigeren Karten. Wann fängt es an?

Box office salesman: Here you are. Two tickets. That'll be $99. The show starts at 7 p.m. Have fun!

Lösungshilfe

Bei dieser Aufgabe musst du zwischen dem Verkäufer am Schalter und deiner Freundin vermitteln. Deine Antworten müssen also jeweils auf Englisch und auf Deutsch sein, je nachdem, wer spricht. Vergiss bei den Fragen nicht die Hilfsverben einzubauen, die sind manchmal bei der Übertragung schnell vergessen: „Wann fängt es an?“ heißt also *What time* ***does*** *it start?* Halte auch Ausschau nach Wörtern im Text, die du benutzten kannst. Deine Freundin benutzt z. B. das Wort günstig und direkt danach als Antwort greift der Verkäufer dieses Wort auf. Also bevor du lange im Wörterbuch nachschaust, schaue dir genau den Text an – womöglich sind Hinweise schon eingebaut!
Hier sollst du ganze Sätze schreiben und nicht Stichpunkte.

4.
Step 1: Lies die Einleitung genau.
Step 2: Überfliege den Text, um dir einen Überblick zu schaffen.
Step 3: Lies die Aufgaben gründlich durch.
Step 4: Lies den Text jetzt gründlich und markiere Stellen, die beim Lösen der Aufgabe wichtig sein könnten.
Step 5: Löse die Aufgabe. Folge dem Aufgabenformat und schreibe bei der Lösung kurze, klare Sätze.

You have a school exchange student, Kim, staying with you. Her German isn't very good yet, but she speaks English well. She would like to do something active on the weekend and saw this flyer at school. Help her find the information she needs and answer her questions.

KLETTERZENTRUM Ropes of Fun

Sie suchen eine neue Herausforderung? Probieren Sie das Klettern!
Ob neu dabei, schon erfahren oder sogar Experte, wir haben etwas für Sie! Lernen Sie Ihre Grenzen im Hochseilgarten im Freien kennen, oder nutzen Sie unsere Kletterwände im Haus für das perfekte Maß an Freizeitspaß! Ein besonderes Erlebnis wartet auf Sie!

Wir bieten folgende Kurse an:
Klettern für Anfänger
Lernen Sie hier die Basics, die Ihnen einen guten Start gewährleisten und Ihnen ein Gefühl für den Sport geben. Sie klettern in niedrigen Höhen und unser Anfängerbereich ist gut mit weichen Matten ausgestattet. Hier können Sie also ohne Angst ausprobieren, was Sie können!
Dauer und Kosten: 30 Minuten 15 Euro

Grundkurs
Lernen Sie, wie Sie jemanden sichern, und lernen Sie ein paar Tipps von unseren erfahrenen Trainern. Danach können Sie gleich mit einem Partner loslegen!
Dauer und Kosten: 2 Stunden 50 Euro

Specials: Kindergeburtstage, Gruppenangebote und Teambuildingangebote.
Fragen Sie unser Team!

Café: Genießen Sie ein Getränk oder etwas für den kleinen Hunger in unserem Café mit Blick auf die Kletterwände.

Preise:
Erwachsene .... 20 Euro
Schüler, Studenten und Auszubildende .... 18 Euro
Kinder & Jugendliche bis 14 Jahre .... 15 Euro

Öffnungszeiten: Täglich von 9:00 Uhr bis 23:00 Uhr
Rufen Sie uns bei weiteren Fragen an: 0421 34566570

Bekleidung und Schuhe: Bringen Sie bitte bequeme Sportbekleidung und Turnschuhe mit. Ohne die richtigen Schuhe kann Ihnen der Eintritt verwehrt werden.

Kim: I love climbing and found this flyer at school. But you know my German isn't great! Can you take a look and help me with some information?

You: Yes, sure. ____________________

Kim: Well, what kind of climbing walls do they have?

You: ____________________

Kim: Wow, that sounds great. Are there courses available too?

You: ____

Kim: Today is Saturday. Is it open tomorrow?

You: ____

Kim: Is it expensive? How much would it cost for both of us?

You: ____

Kim: Oh, well, we should get there early to make the most of it. But it probably doesn't open until 11 am or something, right?

You: ____

Kim: I'm so excited! I had better make some sandwiches for us! We'll probably get hungry if we stay all day and they probably don't offer anything to eat there, right?

You: ____

Kim: Oh, okay. Then I won't make any sandwiches. Thanks so much for your help. I can't wait to go!

Lösungshilfe

Überfliege den Flyer einmal, bevor du die Fragen liest, sodass du eine Idee hast, worum es geht. Nachdem du die Aufgabenstellungen genau durchgelesen hast, bist du in der Lage, Wichtiges im Flyer zu markieren. Die Überschriften im Flyer geben dir gute Anhaltspunkte. Gehe die Fragen einzeln durch und überlege dir, wie du die Informationen an Kim auf Englisch vermittelst. Nutze kurze, einfache Sätze! Mehr als ihre Fragen beantworten musst du nicht, also beschränke dich auf das Wesentliche.

Du bist jetzt schon ein wenig geübt in Sachen Mediationsaufgaben. Versuche nun, auch die folgende, längere Aufgabe zu lösen. Dieses Aufgabenformat findet man eher bei der **E** -Kurs-Prüfung.

5. You would like to spend a school year in England. You have found this information about Lord's School in Chester on the Internet.

Lord's School Chester

Located in the centre of the historic city of Chester, Lord's School was founded in 1543 by Henry VIII as the city's Cathedral School. It is the fourth oldest school in England and one of the world's oldest choir schools. The older school buildings have historic associations and the main school is complemented by preparatory and pre-preparatory schools.
Situated within Chester's historic town centre, Lord's has excellent facilities including a sports hall, a 25 metre indoor pool and a language laboratory. There are strong music, art and drama departments, a wide range of sports including rowing and fencing, a range of clubs and voluntary activities, and a Combined Cadet Force. Lord's School offers day places to boys and girls from the age of 3+ to 18+, and boarding places to girls and boys from the age of 11+. There are four boarding houses, two for girls and two for

boys, and accommodation is mainly in single and double rooms. All bedrooms are furnished with Internet points, and boarders share common rooms, a student kitchen and a computer room.

Lord's School has a strong interest in providing a top education for overseas students whose first language is not English. On entry to the school, their individual level of English will be assessed and a learning programme designed to prepare them for public examinations and internationally recognized examinations.

Give your parents information about Lord's School in German.
Berichte ihnen in Stichworten ...

a) wann die Schule gegründet wurde.

____

b) wo sich die Schule befindet.

____

c) welche Einrichtungen die Schule hat (zwei Informationen).

____

____

d) welche Fachbereiche besonders gut sind.

____

e) ab welchem Alter die Schüler im Schülerwohnheim wohnen können.

____

f) welche Gemeinschaftsräume die Schülerwohnheime haben (zwei Informationen).

____

____

Lösungshilfe

Lies die Fragen und den Text durch, genauso wie bei den letzten Aufgaben. Lass dich nicht irritieren, wenn du nicht alle Wörter kennst. Behalte erst einmal die Fragestellung im Kopf! Einiges lässt sich leicht erkennen. Deine Antworten sollten kurz und klar sein. Achte auf eine verständliche Beantwortung der Fragen.

a) *founded* kannst du leicht aus dem Kontext erschließen als die Bezeichnung für „gegründet“.

b) Die genaue Adresse findest du unter dem Schulnamen.

c und d) Die Zeilen 5–10 geben dir die Informationen, die du brauchst, so wie bei Frage d).

e) Mit *boarding places* bezeichnet man Internatsplätze oder Schülerwohnheimsplätze. 11+ bedeutet hier „älter als elf“.

f) Die Zeilen 14–16 geben dir die Informationen, die du suchst.

C 4 Arbeitstechnik Schreiben

INFO häufige Arbeitsanweisungen

– *Fill in a form.*	Fülle ein Formular aus.
– *Write an e-mail/letter.*	Schreibe eine E-Mail/einen Brief.
– *Write an online post or blog article*	Schreibe einen Beitrag oder Blogartikel.
– *Write a text message.*	Schreibe eine SMS.
– *Give your opinion.*	Nimm Stellung.
– *Answer x's e-mail.*	Beantworte die E-Mail.
– *Discuss the advantages and disadvantages of …*	Diskutiere die Vor- und Nachteile von …
– *Imagine … and continue the story.*	Stelle dir … vor und setze die Geschichte fort.
– *Give reasons for …*	Begründe …

Das Schreiben von Texten macht den vierten Teil der Abschlussprüfung im Fach Englisch aus. Du hast eine Wahlmöglichkeit, d. h., du kannst dir eine Schreibaufgabe aus zwei Varianten aussuchen. Du hast 15 Minuten Zeit, um dich für die eine oder die andere Schreibaufgabe zu entscheiden. Die Schreibaufgaben enthalten entweder zwei oder drei Teilaufgaben.

Du sollst hier auch **zusammenhängende Texte zu vertrauten Themen** aus deinen Interessengebieten (Familie, Essen, Trinken, Sport, Arbeitswelt, Schule, Hobbys, Einkaufen, Medien, Freizeit, Reisen) verfassen. Mögliche Textformen umfassen Briefe, E-Mails, Notizen, Postkarten, Geschichten, einfache Gebrauchsanweisungen, kurze Personenbeschreibungen, Formulare, kurze Texte zu Bildvorlagen, strukturierte Berichte und Stellungnahmen. Die Beurteilung deines Texts bezieht sich zum einen auf die kommunikativ-inhaltliche Komponente. Das bedeutet, dass die Struktur, die Flüssigkeit des Textes und die Erfüllung aller inhaltlichen Anforderungen aus der Aufgabenstellung beurteilt werden (Hast du die Aufgaben vollständig bearbeitet?). Bei deiner sprachlichen Leistung umfasst die Benotung den verwendeten Wortschatz, die Satzstrukturen (Hauptsatz, Nebensatz, Verbindungswörter usw.) und die Beherrschung von sprachlichen Mitteln wie Zeitformen, Wortarten etc. Es ist daher wichtig, dass du dich um treffende Formulierungen bemühst und damit demonstrierst, dass du einen Text in der englischen Sprache abwechslungsreich gestalten kannst.

Im Folgenden werden dir unterschiedliche Aufgabenformen und Schreibanlässe vorgestellt, die du so oder ähnlich auch in der Abschlussprüfung bewältigen musst.

C 4.1 Aufgabenformate und erste Übungen

Bekanntlich erfordert das Schreiben von Texten am meisten Zeit. Behalte daher die Uhr im Blick und teile dir die Zeit in der Prüfung gut ein. Das Bearbeiten der folgenden Schreibübungen wird dir helfen einzuschätzen, wie lange du für die jeweiligen Aufgabenformen brauchst. Es ist nicht schlimm, wenn du für die ersten Übungen etwas mehr Zeit benötigst. Mit etwas Übung werden dir die unterschiedlichen Aufgabenstellungen vertrauter und du wirst sie schneller bearbeiten. Notiere neben den Aufgaben, wie viele Minuten du jeweils für das Lösen benötigt hast. Diese Informationen werden später beim Zeitmanagement hilfreich sein.

Je nach Aufgabenform wird erwartet, dass du im G-Kurs 80–100 Wörter schreibst. Im E-Kurs werden in den ersten Schreibaufgaben 50–80 Wörter verlangt und in der letzten Aufgabe ca. 150 Wörter.

Writing a letter

Bei einem Brief unterscheidet man den persönlichen ***(informal letter)*** vom geschäftlichen ***(formal letter).*** Den persönlichen Brief schreibt man beispielsweise an die Großmutter oder eine Freundin und schlägt einen vertraulichen Ton an. Der Geschäftsbrief sieht etwas anders aus, die Unterschiede werden in der folgenden Tabelle aufgelistet.

INFO Briefe schreiben

Formal letter **Textmerkmale**	*Informal letter* **Textmerkmale**
– Datum und Anrede – Stelle dich in einem Einleitungssatz vor! – Formuliere dein Anliegen. (Warum schreibst du diesen Brief?) – Höfliche Schlussformel – Deine Unterschrift – Beachte Sinnabschnitte. – Die Zeitform hängt vom Inhalt des Briefes ab. – Verwende nur Langformen *(it is* statt *it's).* – Achte auf einen übersichtlichen Gesamteindruck.	– Datum und Anrede – Warum schreibst du den Brief? – Beachte Sinnabschnitte. – Schlussformel – Deine Unterschrift – Die Zeitform hängt vom Inhalt des Briefes ab. – Achte auf einen sauberen Gesamteindruck.
Words and phrases	
– *Dear Madam or Sir* (wenn der Name nicht bekannt ist) – *Dear Mr Z/Mrs Z/Ms Z,* – *I am writing because …* – *I am very interested in …* – *I look forward to hearing from you.* – *Thank you for your time and consideration.* – *Yours sincerely, …*	– *Dear/Hi/Hello …,* – *Thanks so much for your letter.* – *It was so nice to hear from you.* – *I hope you're well.* – *Give my love to … / Say hi to …* – *I hope to hear from you soon.* – *Love/Yours/Best wishes/ Take care / All the best from …*

Sample letter (formal letter)

ABC Company
123 Business Drive
Somewhere, Ohio
67890

123 Main Street
Anywhere, New York
12345
September 20, 2021

Dear Sir or Madam, *(wenn du den Adressaten nicht kennst)*

Dear Mr and Mrs Smith, *(groß weiterschreiben)*

My name is …

(Hier folgt nun dein Text)

Sincerely

(John Smith)

Beispiel 1: Letter

Step 1: Lies die Aufgabenstellung genau durch.
Step 2: Markiere wichtige Stellen und Schlüsselwörter im Text.
Step 3: Bevor du anfängst zu schreiben, mache dir klar, was bei der Aufgabe verlangt wird. Was für eine Art von Text sollst du schreiben? Ist eine Anrede (Brief) erforderlich?

An Au Pair Job

- family of 4 (kids are 2 and 5)
- looking for an au pair from December 2021 to the end of July 2022
- offer: private bedroom with bath, pocket money, language course
- wanted: non-smoker, honest, experience with kids (babysitting), friendly

contact: **John McGuire, 19 Currie Street, Edinburgh** tel. **87696354**

Please answer the advertisement and write a letter to Mr McGuire. In the letter:
• introduce yourself and talk about your family situation,
• talk about your hobbies and interests,
• describe your experience with kids.

Write 80–100 words on a separate sheet of paper.

Writing a summary **(Zusammenfassung)** E

Eine *summary* ist eine kurze Zusammenfassung, die nur die wichtigen Informationen aus einem Text enthält. Sie ist sachlich geschrieben und beinhaltet keine persönliche Meinungsäußerung. Im Einleitungssatz werden der Autor, der Titel, die Textsorte, der Ort der Erscheinung und das Datum genannt. Wörtliche Rede darf nicht verwendet werden. Es wird im Präsens *(simple present)* oder im Imperfekt *(simple past)* geschrieben. Die Textsorte *summary* weist viele Ähnlichkeiten mit der Inhaltsangabe auf, die dir aus dem Deutschunterricht bekannt ist. Häufig werden Geschichten oder Sachtexte für diese Schreibaufgabe verwendet. Bei einer Zusammenfassung ist es sehr wichtig, nicht aus dem Ausgangstext abzuschreiben, sondern eigene Formulierungen zu benutzen.

INFO summary

Words and phrases	
– *The article ("title") is about (topic) ...*	In dem Artikel geht es um ...
– *In the main part of the article, the author says/points out/explains that ...*	Im Hauptteil des Artikels sagt/zeigt/erklärt der Autor, dass ...
– *Finally, the author writes/says/explains that ...*	Zum Schluss schreibt/sagt/erklärt der Autor, dass ...

Beispiel 2: Summary E-Kurs

Step 1: Lies die Aufgabenstellung. Welche Textform wird von dir erwartet und was beinhaltet sie?
Step 2: Lies die Überschrift und überlege, wovon der Text handeln könnte.
Step 3: Lies den Text gründlich. Markiere wichtige Stellen und Schlüsselwörter.
Step 4: Notiere am Rand, worum es in den einzelnen Absätzen geht. Schreibe auf einem Extrablatt Stichworte oder einige kurze Sätze zum Inhalt auf.
Step 5: Überfliege noch einmal die Aufgabenstellung, die Schlüsselwörter und deine Notizen, um dir Klarheit darüber zu verschaffen, worüber du schreiben sollst.
Step 6: Verfasse den Text mit ca. 150 Wörtern Umfang.

Read the following text and write a short summary of 150 words using the most important facts and information. Use a separate sheet of paper.

Is Screen Time Making You Unhappy?

Is the amount of time you spend on your smartphone, laptop or tablet making you unhappy? A study by the San Diego State University says yes – too much screen time can lead to increased unhappiness.

A study conducted in the US led by Professor of Psychology Jean M. Twenge from the San Diego State University used national surveys from over one million teenagers from grades 8, 10 and 12 to find links to screen time and levels of (un)happiness.

What they found was that since 2012, teens have been spending increasingly more time on digital devices including phones, tablets and laptops to connect electronically and sincc then, levels of unhappiness have risen.

Not surprisingly, they found that teens who were spending excessive amounts of time in front of a screen were also most likely to be the most unhappy. Twenge found that students in the eighth grade "who spend 10 or more hours a week on social media are 56 percent more likely to say they're unhappy" than those who didn't. And for those who spent fewer hours a week on social media, around 6–9 hours, the results were similar – they were still 47 percent more likely to say they are unhappy than those who use social media even less.

These results are arguably nothing new. Many recent studies have pointed out the negative and far-reaching impact of the digital age on our society. We have known for some time that whilst there are many advantages of going digital, including connecting people around the world and bringing information to millions instantaneously at the touch of a button, social media and digital technology also have their downsides. Negative effects such as feelings of loneliness, feeling left out, feelings of depression and even suicidal thoughts have all been related to too much screen time.

So what can you do to stay happy and avoid the blues? Take a break from screens, including putting away your smartphone, disconnecting your internet and logging out of social media. Instead, do more in-person, non-screen activities such as sport or meeting with friends to create a happier and healthier lifestyle. Twenge urges teens to "put down the phone, turn off the laptop, and do something – anything – that does not involve a screen". But we all know that we can't disconnect completely. So how much screen time is the key to a happy life? Limiting screen time to under two hours a day seems to be the answer. That's the best medicine against unhappiness.

Information based on: https://www.theatlantic.com/magazine/archive/2017/09/has-the-smartphone-destroyed-a-generation/534198/

Lösungshilfe

In dieser Aufgabe geht es darum zu zeigen, dass du den Inhalt des Textes verstanden hast und wiedergeben kannst. Vergiss nicht, deinen Text zu strukturieren. Er braucht eine Einleitung – hier solltest du den Titel nennen, außerdem den Namen der Autorin/des Autors und den Erscheinungsort (bei diesem Text nicht angegeben). In der Einleitung soll kurz zusammengefasst werden, worum es in dem Text geht. Verwende deine Stichworte und Notizen, um den Inhalt des Artikels präzise wiederzugeben. Denke auch an einen passenden Schluss. Im Lösungsheft findest du einen Lösungsvorschlag.

Writing a report **(Bericht)** ***or an article*** **(Zeitungsartikel)**

Man schreibt einen **Bericht** häufig über vergangene Geschehnisse oder sich ständig wiederholende Aktivitäten (z. B. Tagesablauf). Auch der Bericht oder Artikel wird **sachlich** geschrieben, enthält also **keine eigene Meinung.** Der Text sollte die **W-Fragen** (Wer? Wie? Wann? Wo? Warum?) beantworten. Für Berichte, die über **Vergangenes** informieren, benutzt man das ***simple past.*** **Tägliche Gewohnheiten** werden mit dem ***simple present*** ausgedrückt.

Im Vergleich zum Bericht weist der **Artikel** zusätzliche Merkmale auf. Zum einen benötigt er eine **spannende Überschrift,** die das Interesse des Lesers weckt. Eine **ansprechende Einleitung** informiert den Leser über das Thema des Artikels, beantwortet die wichtigsten Fragen (W-Fragen) und motiviert zum Weiterlesen. Im Hauptteil gibt man detaillierte Informationen und Erklärungen oder schildert ein Ereignis. Das Ende mündet in eine Aussage oder Frage zum Hauptthema.

INFO reports and articles

Words and phrases (simple past)	
– *The incident happened on (date) …at (time) …*	Das Ereignis geschah am (Datum) …um (Uhrzeit) …
– *It was caused by …*	Es wurde verursacht durch …
– *… was/were involved*	… war/en beteiligt/betroffen
– *As a result …*	Als Folge davon …
– *As a consequence …*	Als Konsequenz daraus …
Words and phrases (simple present)	
– *He often/sometimes/never/usually goes …*	Er geht oft/manchmal/niemals/gewöhnlich …
– *Most of the time he works …*	Meistens arbeitet er …
– *Normally he doesn't like …*	Normalerweise mag er … nicht.

Beispiel 3: Blog

Step 1: Lies die Aufgabenstellung. Was sollst du genau machen?
Step 2: Welche Textform wird von dir erwartet? Worauf musst du dabei achten?
Step 3: Lies die *notes*. Mache dir klar, worüber du schreiben sollst, und markiere wichtige Stellen und Schlüsselwörter.

Your friend Karsten has just returned from an exchange trip to England. He tells you about his stay in an English family and his visit to London.
Write a blog post of 80–100 words. Use the notes to help you.

Notes:
Ten days in England – Eurostar train through the Channel Tunnel / very exciting – host family at railway station – very nice / one daughter Peggy, my age – food good /especially breakfast and fish and chips – day trip to London – shopping for hours – the London Eye – amazing experience – Peggy and I good friends – my English much better.

Lösungshilfe

Bei dieser Aufgabe geht es darum, einen Blogbeitrag mit vielen Details aus den *notes* zu schreiben. Da ein Blogartikel meistens persönlicher ist als ein Bericht, solltest du Gefühle und Gedanken in dem Text beschreiben. Denk daran, dass es sich um eine kurze Schreibaufgabe handelt. Schau dir nach dem Schreiben den Lösungsvorschlag im Lösungsheft an.

Writing an e-mail
Bei dieser Textsorte muss man wie bei Briefen zwischen einer E-Mail an einen Freund *(informal)* und an eine Firma *(formal)* unterscheiden. Während der Ton in einer Mail an einen Freund vertraut und persönlich ist, schreibt man einer Firma sachlich und formgerecht. Viele Jugendliche achten in ihren elektronischen Nachrichten an Freunde nicht mehr auf die Regeln der Rechtschreibung. In der Abschlussarbeit musst du in beiden Fällen Rechtschreibfehler vermeiden. Für die E-Mails gelten ähnliche Regeln wie für einen Brief. Die Anrede platziert man genauso, man lässt jedoch die Adressen weg. Alle anderen Teile der E-Mail entsprechen denen eines Briefes. Sieh dir die Hinweise zum Brief und die entsprechenden Redewendungen nochmals an, bevor du mit der Schreibaufgabe zur E-Mail beginnst.

Beispiel 4: E-mail

Last weekend you went on a class trip to an amusement park. Write an e-mail to your e-pal in London and tell him/her all about:
- the one-hour bus trip
- the fun rides in the park
- food and drinks

Write about 60 words on a separate sheet of paper. Count your words!

***Giving your own opinion* (die eigene Meinung darstellen)**

Mitunter musst du deine eigene Meinung zu einem Thema (z. B. Rauchen, Alkoholmissbrauch, Schuluniformen etc.) in schriftlicher Form darlegen. In diesem Fall ist es wichtig, dass du vor dem Schreiben deine Gedanken und Argumente ordnest und die Vor- und Nachteile deutlich unterscheidest. Schreibe deine eigene Meinung immer im *simple present* und verstärke sie anhand von Beispielen oder Zitaten aus dem Text. Die folgenden Redewendungen helfen dir beim Formulieren.

Beispiel 5: Giving your opinion

Your class is having a discussion about school uniforms. A lot of kids have arguments for and against this. The teacher asks you to go home and write a short text about your own opinion.
Find arguments and answer the following questions:

- What do you think about school uniforms in general?
- How do the majority of your friends feel about them?
- Would it be a good idea to introduce school uniforms at your school? Why/why not?

Write about 100–120 words on a separate sheet of paper. Count your words.

Lösungshilfe

Es ist sinnvoll, am Anfang eine Liste mit Vor- und Nachteilen von Schuluniformen anzulegen. Beantworte anschließend in deinem Text die Fragen aus der Aufgabenstellung. Nutze die Redemittel aus dem Infokasten, um deinen Text zu strukturieren, denn eine klare Struktur ist wichtig bei dieser Textform.

INFO Giving your opinion

Words and phrases	
– *advantage/disadvantage*	Vor-/Nachteil
– *pros and cons*	Das Für und Wider
– *First of all/secondly/thirdly/finally, …*	Erstens/zweitens/drittens/letztendlich …
– *In my opinion …*	Meiner Meinung nach …
– *I think …*	Ich denke …
– *In my experience …*	Meiner Erfahrung nach …
– *I believe …*	Ich glaube …
– *The evidence shows …*	Die Beweise/Argumente zeigen …
– *I can imagine that …*	Ich kann mir vorstellen, dass …
– *It is obvious that …*	Es ist offensichtlich, dass …
– *Firstly, … secondly, …*	Erstens … zweitens …
– *On the one hand, …, on the other hand, …*	Auf der einen Seite …, auf der anderen Seite …
– *Finally, …*	Schließlich, abschließend …
– *The reason for this is that …*	Der Grund dafür ist, dass …
– *For example, …*	Zum Beispiel …
– *In other words, …*	Mit anderen Worten …
– *So, all in all I think …*	Alles in allem denke ich daher …
– *Summing up it can be said that …*	Zusammenfassend kann man sagen, dass …

Angeleitete Tests

In diesem Kapitel findest du jeweils einen Test für den G-Kurs G und den E-Kurs E, mit denen du die gelernten Arbeitstechniken ab Seite 24 ausprobieren und anwenden kannst. In diesen Tests werden dir noch Tipps und Lösungshilfen angeboten, bevor du dann in Teil F dieses Buches selbstständig die Originalprüfung aus dem Jahr 2020 bearbeitest. Nach Eingabe des Codes, den du auf Seite 2/3 findest, hast du auch die Möglichkeit, die Originalprüfung 2021 online zu bekommen.
Bei den Originalprüfungen ist es wichtig, die vorgesehene Zeit von **120 Minuten** einzuhalten. Bei diesem ersten Test ist dies jedoch erst mal nicht so wichtig, denn du wirst wegen der Hilfen, Tipps und Zwischenschritte mehr Zeit benötigen. Wichtig ist, dass du die Aufgaben immer gründlich liest, und sie ruhig und überlegt durcharbeitest.
Um ein Gefühl für die Zeit zu bekommen, die du benötigst, arbeite mit einer Uhr. Nutze die folgende Checkliste, um deine Zeit zu planen und im Anschluss zu überprüfen, wie viel Zeit du für die verschiedenen Aufgaben gebraucht hast. Notiere einfach neben der Aufgabenstellung, wann du mit eine Aufgabe angefangen hast und wann du damit fertig geworden bist. Trage die benötigte Zeit nachher in der Tabelle auf Seite 92 ein. Dies wird dir zeigen, wo du eventuell bei den Originalprüfungen auf die Zeit achten solltest, um rechtzeitig fertig zu werden.

CHECKLISTE für Test 1

1. Zeit
Ich habe genug Zeit, um einen, mehrere oder auch alle Teile an einem Stück durchzuarbeiten. ○

Für die Hörverstehensaufgaben	30–40 Minuten	○
Für die Leseverstehensaufgaben	40 Minuten	○
Für die Mediationsaufgaben	15–20 Minuten	○
Für die Schreibaufgaben	40 Minuten	○
jeweils Puffer für Überarbeitung	5–10 Minuten	○

2. Ort
Ich kann hier in Ruhe arbeiten. ○
Ich habe mein Handy aus oder auf leise gestellt. ○

3. Arbeitsplatz
Ich habe:
- eine Uhr ○
- Schreibmaterial ○
- einen Computer oder ein Tablet ○
- ein Wörterbuch ○

Teil D Angeleiteter Test für den G -Kurs

D 1 Hörverstehen

Erinnerst du dich an die ***three important steps***?
Schreibe sie hier auf:
(Schaue dir Seite 26 an, falls du sie nicht mehr im Kopf hast.)

Step one: Lies ... ________________________

____

____

____

____

____

CHECKLISTE zum Hörverstehen

- Bewahre die Ruhe.
- Du musst nicht alles verstehen.
- Denke an die ***three steps***.
- Beim zweiten Hören kontrolliere deine Antworten und fülle die Lücken aus.
- Verschenke keine Punkte.

Listening Part 1

Track 6

You will hear six short recordings.

- You can listen to each recording twice.
- For each question there are three pictures.
- Choose the correct picture and put a tick ✔ in the box below it.

1. Why is the train to Manchester Airport late?

A ☐

B ☐

C ☐

D ☐

2. What can you get in the £4.99 meal deal?

A ☐

B ☐

C ☐

D ☐

3. What does Daniel's mum want him to do?

A ☐

B ☐

C ☐

D ☐

4. Where and when can Stacy collect her order?

A ☐

B ☐

C ☐

D ☐

5. What can you buy in the special sale?

A ☐

B ☐

C ☐

D ☐

6. Which of these boys is Jason?

A ☐

B ☐

C ☐

D ☐

Lösungshilfe

Lies die Aufgabenstellungen genau durch und schaue dir die Bilder gut an. Was kannst du sehen? Aktiviere deinen Wortschatz: Mache dir z. B. Notizen neben den Bildern und überlege dir, welche Wörter du gleich erwartest.

Aufgabe 1: Die Aufgabenstellung verrät dir, dass du den Grund für die Verspätung eines Zuges heraushören sollst. Gibt es ein Bild, das du schon ausschließen kannst? Ja! Bild Nummer 2 zeigt einen Flughafen und keinen Bahnhof oder Zug, also kannst du es bereits streichen. Die Bilder 1 und 4 zeigen dir Dinge, die nicht funktionieren oder kaputt sind, also achte während des Hörens auf Wörter wie *broken, window, out of order, signal*. Bild 3 zeigt dir schlechtes Wetter, also achte auf Wörter wie *rain, cloudy, storm*.
Aufgabe 2: Aktiviere deinen Wortschatz (*cola, chicken drumstick, potatoes, salad, sausage, sandwich)* und achte beim Hören auf diese Wörter.
Aufgabe 3: Was kannst du auf den Bildern sehen? Denke an Schlüsselwörter wie *bicycle, window, leave the house, weather report*. Achte hierbei auf die Verneinungen: Die Mutter sagt auch, was Daniel **nicht** machen soll!
Aufgabe 4: Hier geht es um das korrekte Verständnis der Etage und der Öffnungszeiten. Markiere die richtigen Informationen auf den Schildern – bei welchem Schild hast du alles markiert?
Aufgabe 5: Aktiviere deinen Wortschatz auch hier im Voraus – du siehst Sachen wie *toys, holiday tickets/ vouchers, kitchenware, pots & glasses, summer/beach clothes*. Sie sind deine Schlüsselwörter.
Aufgabe 6: Was trägt der Junge? Höre dir den Text genau an, um dich nicht verwirren zu lassen. Was wird gesagt? Hält er einen Hasen oder einen Pinguin in der Hand, oder hat er das nur auf dem T-Shirt? Welche Farbe hat sein Hut? Achte auf diese Details, um hier die richtig Lösung zu finden.

Listening Part 2: Different people

Track 7

You will hear two people – the interviewer and a woman, Victoria from Fort Wayne, Indiana – talking about the people in her town.

• For questions 8-14 tick ✔ the correct box **A**, **B** or **C**.

7. Most of the immigrants in Fort Wayne are ...
   A) ○ African-Americans.
   B) ○ Asians.
   C) ○ Hispanics.

8. How many pupils at Victoria's school come from non-American families?
   A) ○ almost half
   B) ○ about a third
   C) ○ only a few

9. Victoria's school is
   A) ○ a church school.
   B) ○ an arts college.
   C) ○ a sports college.

10. Victoria's friends
   A) ○ are all from different cultural backgrounds.
   B) ○ are all white Americans.
   C) ○ don't live in her neighbourhood.

11. Amish people
   A) ○ use electricity to make their own furniture.
   B) ○ don't buy their clothes or their food.
   C) ○ are simple but proud people.

12. To the Amish people
   A) ○ religion and work are important.
   B) ○ education and work are important
   C) ○ education and religion are important.

13. Victoria thinks that
   A) ○ it is important to value traditions.
   B) ○ she would be very useful in the Amish community.
   C) ○ she could live like them.

TIPP

Bleib ruhig und konzentriert bei der Sache, auch wenn du die eine oder andere Frage nicht gleich lösen kannst.
Beim zweiten Mal kannst du diese Lücken schließen.

TIPP

Denk daran, dass oft andere Wörter oder Begriffe als in den Aufgabenstellungen benutzt werden, um das Gleiche auszudrücken! Lass dich nicht verwirren und konzentriere dich auf den Sinn und Kontext der Informationen.

Lösungshilfe

Die Aufgabenstellung verrät dir, dass es sich im Hörtext um die Personen handelt, die in Victorias Stadt oder Dorf leben. Lies dir die Lösungsvorgaben genau durch und stelle dich gedanklich auf dieses Thema ein. Markiere wichtige Schlüsselwörter – entweder kannst du sie unterstreichen oder farblich hervorheben –, um dich noch besser auf das Wesentliche zu konzentrieren.

Aufgabe 7: Um diese Frage richtig zu beantworten musst du von Anfang an sehr genau hinhören. Du musst erst mal erkennen, dass die erste Frage, die der Interviewer stellt („Is Fort Wayne a multicultural place?“), dir gleich die erste Lösung geben wird. Er fragt nicht direkt nach Immigranten, und auch das Wort wird nicht benutzt. Bei der Lösung musst du auf die Wörter *a lot of und some* achten, denn sie sind entscheidend! Verwechsle nicht Frage 1 und 2 – bei Frage 1 geht es um Fort Wayne, aber bei Frage 2 um ihre Schule. Wenn du diese Informationen verpasst, ist es nicht schlimm, nutze den zweiten Durchgang und passe an der Stelle besonders gut auf.
Aufgabe 8: Um diese Frage richtig zu beantworten gibt es drei verschiedene Hinweise: Victoria betont, dass es nur *some students* gibt, die von verschiedenen ethnischen Gruppen sind, dann sagt sie *but there aren't very many* in Bezug darauf, dass die vorwiegend ethnische Gruppe asiatisch ist. Letzlich sagt sie dass die *vast majority of students* weisse Amerikaner sind.
Aufgabe 9: Victoria spricht von einer *Christian school* und *religion*, also passt natürlich Antwort A.
Aufgabe 10: Lass dich hier von den zusätzlichen Informationen nicht verwirren. Victoria beantwortet die Frage *‚Are all of your friends White Americans?'* direkt, bevor sie ihre Antwort ergänzt.
Aufgabe 11: Lies die Lösungsvorschläge genau durch und markiere die Schlüsselwörter wie *use electricity, make furniture, don't buy clothes/food, simple but proud.* Während Victoria spricht, streiche die falschen Sachen durch, z. B. wenn sie sagt, dass die *Amish* Strom *nicht* benutzen, kannst du gleich A als falsch durchstreichen.

Aufgabe 12: Hier sollst du heraushören, was von den dreien am wichtigsten ist und sollst dich auf den Ausdruck *not as … as …* achten.

Aufgabe 13: Auch wenn Victoria nicht explicit sagt, dass Traditionen für sie wichtig sind, kannst du dieses aus dem erschließen, was sie sagt. Hilfreich ist auch, dass die beiden anderen Lösungen definitiv falsch sind.

Listening Part 3: The Tube

Track 8

You will hear a conversation about the London Underground – also called The Tube.

- Listen and answer questions 14-19
- For each question, fill in the missing information in the space.

14. The London Underground is used by …	______________________
15. In 1863, the London Tube started with the …	______________________ *line.*
16. Workers had to dig tunnels …	______________________
17. Steam trains used real …	______________________ *fires.*
18. Smoking was banned after a fire in the year …	______________________
19. One of the busiest stations is the …	______________________ *Station.*

Lösungshilfe

Fange wie immer mit den ***three steps*** an. Lies die Aufgaben genau durch, markiere die Schlüsselwörter und aktiviere deinen Wortschatz, indem du dir überlegst, was du gleich hören wirst. Gibt es Fragen, zu denen du schon eine Antwort vermuten kannst? Man könnte z. B. bei **Frage 14** schon vermuten, dass die Leute, die in London wohnen, und Touristen in London die London Underground benutzen.

Passe bei **Nummer 18** auf, dass du die Zahl richtig aufschreibst und sie nicht verdrehst. Anders als im Deutschen kannst du die Zahlen in der Reihenfolge aufschreiben, in der du sie hörst.

Es ist nicht allzu schlimm, wenn du die Rechtschreibung, z. B. bei manchen Namen oder Ortsnamen, nicht genau weißt. Schreibe die Lösung so genau auf, wie du kannst. In der Regel bekommst du keinen Punktverlust, wenn dein Lehrer ohne Probleme sehen kann, dass du die richtige Information herausgehört hast. Auch wenn du unsicher bist: Schreibe immer eine Lösung auf. Du bekommst keine Minuspunkte für falsche Antworten.

Listening Part 4: Hip Hop

Track 9

You will hear different speakers talk about hip hop.

• For each question, write a short answer. Your answers can be in point form.

20. Where did hip hop start? ______________________

21. What are hip hop songs often about? ______________________

22./23. Name two things that speaker two says belong to hip hop culture.

____

____

24. Speaker four says hip hop is dead or dying. What is the main reason she gives for this?

____

25. What other styles are found in hip hop music? Name one.

____

Lösungshilfe

Wenn du dich mit Hip Hop ein wenig auskennst, kannst du vielleicht einige Fragen schon mit deinem Vorwissen richtig beantworten. Wichtig ist es aber trotzdem, genau hinzuhören, was die Sprecher sagen. Mache dir schnelle Notizen, während du dem Hörtext zuhörst. Die Antworten dürfen Stichwörter sein – du musst keine vollständigen Sätze schreiben.

Aufgabe 20: Achte auf die Orte, die die Sprecherin nennt. Mehr Informationen als nur „the USA" sind gefragt.

Aufgabe 21: Achte auf die Frage – es wird gefragt, worum es **oft** in der Musik geht, nicht worum es in manchen Liedern geht.

Aufgabe 22/23: Sprecher 3 gibt viele verschiede Antworten. Suche dir zwei aus.

Aufgabe 24: Die Sprecherin gibt verschiede Informationen, um ihre Meinung zu stützen. Achte auf das Wesentliche – alles führt zurück zu ihrer Hauptaussage.

Aufgabe 25: Die Antwort hörst du ziemlich am Anfang – wichtig ist es also immer, vorher alle Fragen gelesen zu haben.

D 2 Leseverstehen
Reading Part 1: Notices

- Read the texts below.
- Then read the statements (1-5).
- Decide whether the statements are **true** or **false**.
- Then tick ✔ in the correct box.

CHECKLISTE zum Leseverstehen

- Vorwissen aktivieren: Titel bzw. Überschrift anschauen. Worum geht es? Was weißt du schon über das Thema?
- Aufgabenstellungen lesen
- Text gründlich lesen und wichtige Stellen markieren

AT THE INDOOR POOL
We'd like to inform our customers that this indoor pool will stay closed for its regular annual maintanence and repair work from May 1 to June 30. We are looking forward to welcoming you back on July 1.

Yosemite Park
BEAR WARNING
Proper food storage required.
Do not keep food in tents at night.
Free bearproof storage boxes available at car park entrance.

SAVE ENERGY
We will provide you with fresh towels every day. But remember, washing and drying towels uses a lot of energy. So help save energy by using your towels more than once. If you want your towels replaced, leave them on the bathroom floor.

Have you paid?
If you can't produce a valid ticket when asked by a ticket inspector, you could be charged a penalty of £20.
Don't forget to buy and validate your ticket before you travel.

		true	false
1.	If you reuse your towels, you can help the environment.	○	○
2.	You can buy a ticket from the ticket inspector.	○	○
3.	There was an accident at the pool and it will be closed to repair the damage.	○	○
4.	You can buy proper food containers at the park entrance.	○	○
5.	The pool will be closed for three months.	○	○

Lösungshilfe

Lies die Aufgaben und die Hinweisschilder in Ruhe durch. Markiere Schlüsselwörter, die hilfreich sein könnten. In **Aufgabe 1** geht es um *towels* und *the environment*, also könntest du diese Wörter als Schlüsselwörter markieren. Das Wort *reuse* ist hier auch wichtig. Vielleicht weißt du schon, dass das Präfix *re-* mehr als einmal oder noch mal bedeutet und kannst also erschließen, dass *reuse* wieder benutzen bedeutet.
Bei dieser Vorgehensweise – alles gründlich lesen und wichtige Schlüsselwörter markieren – erkennst du schnell, ob die Aussagen richtig oder falsch sind.
Aber Vorsicht: Achte auf **alle** Details in den Aufgabenstellungen.

Reading Part 2: TV Programmes

- Decide which of the TV programmes described in the texts (A–G) would be most suitable for the teenagers below (6–10). Write the correct letters behind the numbers on the following page.

TIPP zum Leseversehen

Lass dir Zeit!
Du musst dir hier auch Zeit zum Nachdenken geben.

A **The Late Show**
Superstar Madonna is on the "Late Show" with David Letterman, Wednesday, Sept. 30, on the CBS Television Network. This will be Madonna's eighth appearance on the Late Show – she was last interviewed by Letterman on his show on Jan. 11, 2007. She also appeared briefly on Feb. 13, 1995, when she delivered Valentine's Day candy and flowers to Letterman.

B **The Spy Next Door**
Former CIA spy Bob Ho (played by Jackie Chan) is looking after his girlfriend's three kids, who don't like their mom's new boyfriend very much. When one of the kids accidentally downloads a top-secret formula, Bob's longtime enemy, a Russian terrorist, pays a visit to the family. The situation gets very dangerous. But this movie is a comedy, so all ends well, at least for Bob.

C **Dispatches**
"Dispatches" is a documentary which examines the shocking number of guns on Britain's streets. For two years, the "Dispatches" team followed a team of police officers as they chased a criminal gang trying to smuggle guns into Britain. In Dover the police officers managed to stop a van containing drugs, weapons and ammunition. They arrested over 20 people involved in this international crime ring.

D **European Championship**
Live report from the European Athletics Championships on the third day of the competition. The first event of the day is the final of the men's high jump (5.30 p.m.). But British eyes will be looking ahead to the men's 400m hurdles semi-finals (6.30 p.m.), when Dai Greene hopes to reach the final after winning gold at the European team championships last month.

E **Seawatch**
The British Isles are surrounded by sea, but we know very little about the creatures that live there. Kate Humble, diver and explorer, takes us on a five-thousand-mile adventure across the UK seas. Starting in the south-west of England, she examines the effects of fishing, pollution and climate change on UK sea life and looks at how we can help protect it.

F **Designer Marathon**
This week, we look at the life and career of one of fashion's most famous designers, Kenzo Takada. He was a master of unusual mixes of colour, patterns and fabrics and his ever-changing style was always full of fun and happiness. He introduced Japanese ideas into western fashion, and they have changed the way we wear clothes forever.

G **The Weakest Link**
In this general knowledge quiz the contestants must decide which person must leave the competition at the end of each round. Anyone can apply to take part in the quiz and the "Weakest Link" presenters are always on the lookout for new contestants. But to win a lot of money it's not enough to be a clever team player. You must be very quick, too!

6. ☐  ***Charlotte*** doesn't watch TV very often because she is too busy playing tennis or singing with her band. But she likes musicals and music shows on TV and she enjoys live sports programmes, too.

7. ☐  ***Lennie*** likes TV programmes which give him new information and improve his general knowledge. He is particularly interested in problems of the environment because he belongs to a "green" organization.

8. ☐  ***Jennifer's*** hobby is football and she often watches matches on TV. She also loves TV shows of all kinds and she watches her favourites every week. She thinks they are especially exciting when the guests can win prizes.

9. ☐  ***Hannah*** isn't very interested in entertainment and fun on TV – except cartoons, which she loves. She prefers facts and background information about serious issues in society – in the UK and in other countries.

10. ☐  ***Paul*** usually watches DVDs, but sometimes he watches TV when there's a good film on. He hates science fiction and musicals, but he enjoys films that are exciting and humorous, too.

Lösungshilfe

Lies die Aufgabenstellung genau durch. Fange bei den Informationen über die Personen an, bevor du die TV-Programmtexte liest. Markiere wichtige Stellen und Schlüsselwörter. Lies danach die TV-Programmtexte gründlich durch. Dabei kannst du dir schon Notizen machen, zu welchen Personen sie passen könnten. Achte darauf, welche Art vom Programm das ist und markiere dies ggf. neben der Überschrift. Das könnte dir helfen, dich besser zu orientieren. Manchmal gibt es zwei Antwortmöglichkeiten, die sich ähneln. Hier ist es wichtig, alle Details in Betracht zu ziehen, die vorgegeben sind.

Reading Part 3: Media Use

- Read the text and then mark each correct statement with a tick ✔.
- There is only one correct solution for each statement.

Media use of U.S. teenagers

A recent survey of media use among American teenagers has found that average media use of teenagers between 13–18 years of age is an amazing nine hours per day. The survey covers five media categories: television, music, information, social media and games, and shows that media consumption among pre-teens and teens has increased rapidly.

Watching TV is more popular with pre-teenagers than with the older generation. Top of the viewing charts are after-school shows and reality programs. As they move into their teens, kids tend to watch less TV, with teens from lower-income families watching more than those from higher-income families.

Listening to music is the second most popular media activity for pre-teens. Once they are in their teens, kids spend more time plugged in to their MP3 players or smartphones than they do watching TV. With a smartphone fitting easily into your pocket, most teens use this device to listen to music rather than a laptop.

The smartphone has also revolutionized the search for information. Statistics show that pre-teenagers use the "information highway" of the Internet considerably less than teenagers. Although the vast majority of U.S. teenagers have access to the Internet at home, and some three-quarters also have Internet at school, they still spend on average less than half the time per month on the Internet than adults do.

Today the most revolutionary, most controversial, and least understood aspect of media use is social media. The survey reports that more than 90 percent of U.S. teenagers connect with their friends and chat-groups daily, and three-quarters say they use more than one social media site. There are gender differences, too. Whilst boys mostly use Facebook, girls favor more visual communication platforms like Pinterest and Instagram.

Social media are here to stay, and they are a central aspect of teenage social life and relationships. So it's important to point out some of the problems they bring, like cyber-bullying, giving detailed personal information (like your real name, address and photo) to friends and strangers, and addiction - not knowing when and where to stop.

Also, the social etiquette of using your phone when with a group of people is something that needs attention. Using your smartphone when sitting alone on the bus or subway might be okay, but using your phone when you are in a group of people you could interact with face to face is another issue. People should surely learn not only how to use social media, but also how and when not to use it.

The use of computer games poses another potential problem - especially where boys are concerned. Whilst images on screen are fascinating for everyone, not just teenagers, this can easily turn into an addiction. And while the average U.S. teenager plays computer games (only) half an hour per day, boys do so five times more than girls.

Information based on: hhs.gov/ash/oah/news/e-updates/february-2016; https://www.washingtonpost.com/news/the-switch/wp/2015/11/03/teens-spend-nearly-nine-hours-every-day-consuming-media/

11. The average American teenager ...
A) ○ uses MP3 players, smartphones and the Internet more than TV.
B) ○ sits in front of the TV for more than three hours every day.
C) ○ watches the evening news and general drama programs.
D) ○ has a TV in his or her bedroom.

12. More than three-quarters of U.S. teens ...
A) ○ have wireless Internet at home.
B) ○ have Internet access at home.
C) ○ have Internet access at school.
D) ○ spend more time on the Internet than adults.

13. Teenagers spend
A) ○ more time on the Internet than their parents.
B) ○ double the amount of time on the Internet than adults.
C) ○ less time on the Internet than adults.
D) ○ most time on the Internet to do homework.

14. Most U.S. teens
A) ○ use more than one social media platform.
B) ○ use social media to chat with their friends.
C) ○ spend more than one hour on social media per day.
D) ○ use Facebook more than Instagram or Pinterest.

15. Only a few teens ...
A) ○ listen to 20 hours or more of music per week.
B) ○ use an MP3 player to listen to music.
C) ○ use a laptop to listen to music.
D) ○ listen to pop radio.

16. Older teens in the U.S. spend more time than pre-teens ...
A) ○ bullying their friends on social media sites.
B) ○ listening to news or radio programs.
C) ○ getting information from the Internet.
D) ○ watching animated films.

17. Teenage boys are more interested than girls in ...
A) ○ action and adventure videos.
B) ○ getting information from the Internet.
C) ○ after-school TV shows.
D) ○ computer games.

Lösungshilfe

Lies die Aufgabenstellung und die Überschrift, sodass du weißt, was du machen musst und worum es im Text geht. Lies danach die Fragen und Antwortmöglichkeiten gründlich durch. Markiere wichtige Stellen, z. B. Schlüsselwörter wie *average* oder *more*, *less*, *a few*, denn sie sind hier ausschlaggebend, um die Aufgaben richtig zu lösen. Vielleicht kannst du bereits einige Antwortmöglichkeiten ausschließen – aber Vorsicht: Hier geht es nicht um deine Meinung oder dein Leben, sondern lediglich um das, was im Text steht. Überprüfe also immer deine Lösung an Inhalten aus dem Text. Lies im Anschluss den Text genau durch. Markiere wichtige Textstellen, während du liest, und schreibe neben die Absätze, worum es in dem jeweiligen Absatz geht. Dies hilft dir später, dich schnell wieder im Text zu orientieren, wenn du nach einer Lösung suchst.

Manchmal sind die Antwortmöglichkeiten ähnlich, aber nicht gleich geschrieben wie im Text. Nimm dir Zeit und überlege genau, was du liest und welche Antwort passen könnte. Achte auf die Zahlen im Text, und wie man sie anders formulieren könnte wie *more/less than half, three quarters (75%), a few*. Es kommt häufig vor, dass die Zahlen anders dargestellt werden als im Text, jedoch trotzdem die gleichen Inhalte wiedergeben.

Reading Part 4

- Read the text, then look at the statements.
- For each statement tick ✔ the correct answer: "true" or "false" and give the line/lines in which you find the information.

Ellis Island – History

From 1892 to 1954, over twelve million immigrants entered the United States through the portal of Ellis Island, a small island in New York Harbor. Ellis Island is located just off the New Jersey coast, within the shadow of the Statue of Liberty.

Before it became the site of the first federal immigration station in 1890, Ellis Island had a varied history. The local Indian tribes had called it "Kioshk" or Gull Island. Due to its rich oyster beds, it was known as Oyster Island for many generations during the Dutch and English colonial periods. By the time Samuel Ellis became the island's private owner in the 1770s, the island had been called Kioshk, Oyster, Dyre, Bucking and Anderson's Island. Before 1890, the individual states regulated immigration into the United States. Castle Garden in the Battery served as the New York State immigration station from 1855 to 1890 and about eight million immigrants, mostly from Northern and Western Europe, passed through its doors. These early immigrants came from nations such as England, Ireland, Germany and the Scandinavian countries. It was the first large wave of immigrants to the United States. Throughout the 19th century, political instability and religious laws and the bad economic conditions in Europe were reasons for the massive migration. It soon became apparent that Castle Garden was too small to handle the growing numbers of immigrants.

The federal government intervened and constructed a new immigration station on Ellis Island. The new structure on Ellis Island opened on January 1, 1892; Annie Moore, a 15 year-old Irish girl, accompanied by her two brothers entered history and a new country, as she was the very first immigrant at Ellis Island on January 2. Over the next 62 years, more than 12 million were to follow through this port of entry.

While there were many reasons to emigrate to America, no reason could be found for what would occur only five years after the Ellis Island Immigration Station opened. During the evening of June 14, 1897, a fire on Ellis Island burned the immigration station completely to the ground. Although no lives were lost, many years of immigration records dating back to 1855 burned along with the buildings that could not protect them. The United States Treasury quickly ordered the immigration facility to be replaced under one very important condition. All future structures built on Ellis Island had to be fireproof. On December 17, 1900, the new Main Building was opened and 2,251 immigrants were received that day.

	true	false
18. Ellis Island is located in New Jersey near the Statue of Liberty.	☐	☐
19. Ellis Island was known as Oyster Island because the flag had an oyster on it.	☐	☐
20. Castle Garden was the immigration station in New York from 1890 to 1930.	☐	☐
21. The immigrants came to America for reasons such as political instability in their own countries.	☐	☐
22. The new facility on Ellis Island was built because the numbers of immigrants increased.	☐	☐
23. Annie Moore arrived on her own.	☐	☐
24. The fire in 1897 was small and was put out quickly.	☐	☐
25. After the fire the buildings on Ellis Island were constructed to withstand fire.	☐	☐

Lösungshilfe

Gehe die Schritte wie in den vorherigen Übungen durch. Lass dich nicht aus der Ruhe bringen, wenn du einige dir unbekannte Wörter liest. Es wird oft vorkommen, dass es Wörter gibt, die du nicht kennst. Wichtig dabei ist, aufmerksam zu bleiben: Kannst du das Wort aus dem Kontext erschließen? Ist das Wort wichtig, um das Ganze zu verstehen? Taucht das Wort in den Aufgabenstellungen auf? Schlage unbekannte Wörter nur nach, wenn du meinst, sie seien wichtig für das Verständnis. Ansonsten konzentriere dich darauf, die Inhalte aus den Aufgabestellungen im Text wiederzufinden.
Wenn du nicht weiterkommst, sind hier ein paar Hilfen für dich, wo du die Lösungen finden kannst:
18. Zeile 4–11, 19. Zeile 11–19, 20. Zeile 22–24, 21. Zeile 32–36, 22. Zeile 36–38, 23. Zeile 43–45, 24. Zeile 55–57, 25. Zeile 65–66.

D 3 Mediation (Sprachmittlung)

CHECKLISTE Mediation

- Übersetze die Aufgabe nicht wortwörtlich, sondern übertrage die Inhalte sinngemäß.
- Lies die Arbeitsanweisungen genau.
- Markiere wichtige Textstellen.

TIPP Punkte

Achte in der Prüfung auf die Punktzahl. Dies verrät dir in der Regel, wie viele Informationen du vermitteln sollst.

- Du bist mit deinem Bruder und seinem Hund im Park und siehst dieses Schild. Sag ihm auf Deutsch, wie er sich mit seinem Hund verhalten soll.

ATTENTION DOG OWNERS!

Keep dogs on leashes and under control at all times!
Remove all pet waste. Waste bags are provided at doggy bin stations.
Please dispose of waste bags in the bins provided.

THANK YOU FOR YOUR COOPERATION

Lösungshilfe

Nicht alle Zeilen musst du hier übersetzen. Zum Beispiel musst du nicht „Achtung Tierbesitzer!" zu deinem Bruder sagen. Achte immer genau auf die Aufgabenstellung: In diesem Fall sprichst du mit deinem Bruder und solltest nur die für ihn wichtigen Aspekte des Schildes übersetzen. Vielleicht ist dir das Wort leash unbekannt. Versuche, die Bedeutung aus dem Kontext zu erschließen. Du kennst sicherlich die Wörter *dog* und *under control*. Womit könnte man einen Hund unter Kontrolle halten? Denkbar wäre „mit einer Leine". Wenn du dir sehr unsicher bist, kannst du auch das Wort im Wörterbuch nachschlagen. Vergiss aber nicht, dass dieses auch Zeit in Anspruch nimmt – also verschwende nicht zu viel Zeit mit dem Nachschlagen vieler Vokabeln.
Nutze auch hier dein Allgemeinwissen: Du weißt bestimmt, wie Hundebesitzer und ihre Hunde sich in der Öffentlichkeit verhalten sollen, z. B. dass sie den Hundekot nicht liegen lassen, sondern richtig entsorgen sollen. Du kannst bei dieser Aufgabe Stichpunkte oder Sätze schreiben.

- A group of English tourists are standing on the platform looking at the following information. They don't understand it. Explain to them **in English** what it says.

Achtung!

Fahrkarten nicht im Zug erhältlich.

Einstieg nur mit gültigem Fahrschein.

Lösungshilfe

Wie in der letzten Aufgabe musst du hier nicht alle Zeilen übertragen. Du sprichst mit einer Gruppe und daran musst du denken. Eine Übersetzung für „Achtung" kannst du also weglassen. Schlage unbekannte Wörter oder Begriffe wie z. B. „gültigem" nach. Denke daran, dass du das Wort „gültig" suchst, da die Endung -em nur die grammatische Abweichung ist. Das Wort „Einstieg" kommt in dem Sinn hier vom Verb „einsteigen". Achte also darauf, dass du die richtige Übersetzung im Wörterbuch heraussuchst. Überlege dann, wie man den Inhalt in sinnvollen Sätzen formulieren kann.

- Your cousin runs a surfing school in Newquay, England.
  You want to visit him with a friend and take lessons. This is what you find on the Internet:

Travel Specials and packages in Newquay, Cornwall, England

Surfing School Newquay, 1 Quay Road,
Newquay, England.
E-Mail: newquaysurf@yoo.com
Website: www.newquaysurf.co.uk
Tel: 0044(0)543211234

Surfing Package

1-week surfing package includes four hours of lessons per day, board rental, wet suit, 7 nights accommodation in local hotel or hostel, full English breakfast, transport to and from beach by bus, evening entertainment. Prices start at 400 euros per person.

Description of package

Newquay is <u>the</u> place to take up surfing or improve your surfing technique. The Surfing School Newquay is well established and offers you the unique opportunity to experience surfing in a relaxed atmosphere. There are courses for all levels from beginners to advanced learners. You can have group (minimum 3 students) or individual lessons.
Minimum age: 16, medical insurance is required. 10% discount for early reservations (until 30th March 2022).
Payment must be made in advance. A deposit (10% of price) with reservation and the remaining 90% two weeks before start of holiday.

Your friend doesn't speak English very well and asks you for help. He has got lots of questions. Make notes in German for him about the following points:

Er fragt, ...

a) ob etwas über die Anreise ausgesagt wird.

____

____

b) wie Unterkunft und Verpflegung geregelt sind.

____

____

____

c) ob er eine Surf-Ausstattung mitbringen muss.

____

____

d) wie er täglich zum Surfkurs und zurück zur Unterkunft kommt.

e) für welche Niveaus Kurse angeboten werden.

f) welches Mindestalter man haben muss.

g) welche Versicherung abgeschlossen werden muss.

h) Welche Zahlungsbedingungen erforderlich sind. (Nenne drei.)

Lösungshilfe

Lies die Aufgabenstellung und den Text genau durch, und markiere wichtige Textstellen. Hier darfst du Stichpunkte schreiben, also achte darauf, dass du die dem Text entnommenen Informationen richtig übersetzt und so formulierst, dass sie auf Deutsch verständlich sind.

D 4 Schreiben
Writing Part 1

- Fill in the form
- Use point form or short sentences.

CHECKLISTE zum Schreiben

Achte auf:
- die Satz- und Wortstellung
- die Rechtschreibung

How Green Are You?

Are you living a green life? Fill out the questionnaire and find out.

Age: ☐ Male: ☐ Female: ☐

1) How do you get to school?

2) What things do you recycle? (Name two)

3) How do you save electricity? (Name one)

4) How do you save water?

5) Which alternative energy do you think is most important?

SEND HOME

Lösungshilfe

Das Thema sollte dir vom Unterricht bekannt sein. Achte hier auf kurze, verständliche Antworten, auch wenn du nur Stichpunkte schreibst. Achte auf die Rechtschreibung, und auch darauf, wie viele Antworten du geben sollst, um immer die volle Punktzahl zu bekommen.

Writing Part 2

A camping trip with friends
Write an e-mail.

- You have found this message posted on the Internet. Write an e-mail to Ian and answer his questions.
- Include your reaction to his problem and how he could convince his parents to let him go.
- Write about **80 words**.

Hi there,
I'm quite angry at the moment. My parents are impossible! I'm 15 years old and they won't allow me to go on holiday with my friends! Some of my classmates want to go camping in Spain for a week and my parents just say "No". They say there's not enough money and they think I'm too young to go abroad without them. I can have a week in the Welsh mountains together with them! That's just so boring! Is this normal? What do you think? Are you allowed to go on holiday without your parents? What can I do to convince my parents to let me go? How could I get some extra holiday money? All ideas are welcome!
Thanks, Ian.

Hi Ian,

Lösungshilfe

Wichtig ist hier, dass du alle Fragen beantwortest. Achte auf das richtige Format mit Begrüßung und einem passenden Schluss. Du hast diese *message* im Internet gefunden, du kennst also den Jungen nicht und sollst daher typische Einleitungssätze wie *It was good to hear from you, I hope you're well* nicht benutzen. Etwas wie: *I read your message on the Internet and have some ideas for you* wäre ein besserer Anfang. Lies am Ende deinen Text durch und hake dabei alle Inhaltspunkte ab, die von dir verlangt werden. Hast du alles abgehakt, kannst du sicher sein, alle Komponenten der Aufgabe erfüllt zu haben.

Writing Part 3

Practice 1
Use this picture to write a creative story for your school magazine.
Write about **100 words**.

TIPP Konnektoren

Benutze Bindewörter wie:
and, because, so, so that, while/during, but, when, then.
Sie machen deinen Text interessanter und flüssiger.

CHECKLISTE Schreiben

Ist dein Text:
- klar strukturiert?
- zusammenhängend geschrieben?
- verständlich?
- interessant?
- Stehen alle Verben in der richtigen Zeitform?
- Stimmen Rechtschreibung und Zeichensetzung?

Practice 2

Write an article for your school magazine about a special event that happened at school. This can be a real or an imagined event. You can write about ...

- when it was,
- what it was and where it was,
- who was involved,
- why your school had this event,
- what the students enjoyed most/least.

Write about **100 words**.

Lösungshilfe

Practice 1: Die Geschichte kann sehr kreativ sein, denn die Aufgabe ist sehr locker formuliert. Achte hier also darauf, dass du einen sinnvoll aufgebauten Text mit Anfang, Mitte und Ende schreibst, der klar und verständlich ist.

Practice 2: Ein Artikel ist sachlich und enthält keine eigene Meinung. Der Text sollte die W-Fragen (Wer? Wie? Wann? Wo? Warum?) beantworten. Hake dies am besten entweder während oder beim Überprüfen deines Textes ab, um sicher zu sein, dass du alle Teile der Aufgabenstellung berücksichtigt hast. Fange mit einem guten Einleitungssatz an, der zu deinem Thema hinführt und dein Lesen vorbereitet. Dein Artikel geht um etwas, das in der Vergangenheit passiert ist, also musst du das ***simple past*** benutzen. Außerdem sollte dein Artikel eine passende Überschrift haben, die das Interesse des Lesers weckt.

Teil E Angeleiteter Test für den E-Kurs

E 1 Hörverstehen

TIPP zum Hörverstehen

Beim Hörverstehen ist es wichtig, Ruhe zu bewahren!
Denk daran, dass du alle Texte zweimal anhören kannst. Dinge, die dir vielleicht fehlen oder die du nicht genau verstanden hast, kannst du also im zweiten Anlauf noch ergänzen.

Listening Part 1: Travelling by Train – Travel Announcements

Track 10

You are going to hear two announcements.

- Look at the pictures and listen to the recording.
- Choose the correct picture and put a tick ✔ in the right box.
- You can listen to the recording twice.

Announcement One: At the station

1. Why is the train to Manchester Airport late?

A ☐

B ☐

C ☐

D ☐

Announcement Two: On the train

2. What can you get in the £4.99 meal deal?

A ☐

B ☐

C ☐

D ☐

Lösungshilfe

Du erinnerst dich sicher an die Schritte, die man beim Hörverstehen beachten sollte (S. 26): Lies die Aufgabenstellungen genau durch und schau dir die Bilder gut an.

Announcement 1: Die Aufgabenstellung verrät dir, dass du den Grund für die Verspätung eines **Zuges** erkennen sollst. Da das zweite Bild jedoch einen Flughafen zeigt, kannst du dieses Bild bereits ausschließen. Die Bilder 1 und 4 zeigen kaputte Dinge (Signal und Zugfenster). Achte hier also auf die Schlüsselwörter *signal* bzw. *windows*. Das dritte Bild erfordert die Wörter *rain* und/oder *clouds*.

Announcement 2: Die Überschrift „On the train" verrät dir, dass die folgende Ansage während der Zugfahrt erfolgt. Du sollst zuerst heraushören, welche Mahlzeit zu einem Sonderpreis angeboten wird. Die Bilder verraten dir auch hier die Schlüsselbegriffe, auf die du achten musst. Notiere sie dir vor dem Hören unter die Bilder: 1. *chicken*, *potatoes*, *salad*; 2. *sausages*, *potatoes*, *salad*; 3. *chicken*, *potatoes*, *salad*, *coke/drink* und 4. *sandwiches*, *coke/drink*.

Listening Part 2: Radio Ads

Track 11

You are going to hear four radio adverts.

- Read the statements below and listen to the recording.
- Tick ✔ the correct statement for each radio ad.
- You can listen to the recording twice.

3. (Ad 1)
This ad tells you …

A	☐	how to buy tickets for Glastonbury Festival.
B	☐	how to get a first aid qualification.
C	☐	what kind of work you could do at Glastonbury Festival.

4. (Ad 2)
This ad …

A	☐	gives people the latest traffic news about highway construction work.
B	☐	wants people to buy environmentally friendly cars.
C	☐	wants people to team up and travel together in one car.

5. (Ad 3)
This radio ad ...

A	☐	wants more people to ride a bicycle.
B	☐	tells people to wear a helmet when cycling.
C	☐	asks skateboarders to wear protective clothing.

6. (Ad 4)
This radio spot is looking for people who ...

A	☐	give the money they normally earn in one hour to children in need.
B	☐	are prepared to spend one hour collecting money for children in need.
C	☐	want to do volunteer work in a children's home for one hour a week.

Lösungshilfe

a) vor dem Hören:
Auch beim zweiten Aufgabenteil, dem Hörverstehen von Radiospots, solltest du dir zunächst die Aufgabenstellung und die Lösungsvorgaben genau durchlesen. Markiere bereits in den Lösungsvorgaben **Schlüsselwörter** (Nomen und Verben), die dir später als Signalwörter beim Textverständnis helfen.
Ad 1: Unterstreiche z. B.
A) buy, tickets, festival
B) get, first aid qualification
C) kind of work, do, at festival
b) beim Hören:
Achte nun auf die **Hauptaussage** des Textes. Die unterstrichenen Schlüsselwörter helfen dir, wichtige Informationen „im Auge" zu behalten.
Achtung: In der Regel enthält jede Ankreuzmöglichkeit einen Aspekt, der in den Hörpassagen angesprochen wird. Nur eine passt aber genau. Lass dich also nicht irritieren und höre von Anfang bis Ende konzentriert zu.

Listening Part 3: Ideas for the summer holidays

Track 12

You are going to hear some friends talking about the summer holidays.

- You can listen to the recording twice.
- In each task only one statement is correct.
- Complete the table below using keywords.

	holiday idea	reason why
David	9.	something you can be proud of
Tina	10.	13.
Michael	11.	14.
Becky	12.	15.
Tom	volunteer work	16.
Karen	give your bedroom a new look	17.

Lösungshilfe

a) vor dem Hören:
Lies zunächst die Überschrift und schau dir die Tabelle in Ruhe an: Es werden sich Freunde über ihre Pläne für die Sommerferiengestaltung unterhalten. Deine Aufgabe ist es, die Ideen und deren Begründung („reason why“) stichpunktartig zu notieren.

b) beim Hören:
Bewahre Ruhe. Höre konzentriert zu und notiere die Aussagen beziehungsweise Schlüsselwörter, die du verstehst. Wenn du etwas nicht sofort verstehst, ist das kein Problem. Du kannst den Text ein zweites Mal anhören.

c) nach dem ersten Hören:
Markiere nun die Felder, auf die du beim zweiten Hören besonders achten musst. Konzentriere dich beim nächsten Durchgang vorrangig auf diese fehlenden Details.

Listening Part 4: World Animal Day/Going Veggie?

Track 13

You are going to hear part of a radio talk about eating meat. There are four people talking: a presenter, Amber, Dylan and Connor.

- Read the statements below and listen to the recording. Put a tick ✔ in the box next to the correct statement.
- In each task only one statement is correct.
- You can listen to the recording twice.

18. Of the three teenagers interviewed …	**A**	☐	everybody eats meat on a regular basis.
	B	☐	Amber and Dylan don't eat meat.
	C	☐	Amber is the only vegetarian.
19. Amber stopped eating meat because …	**A**	☐	she thought eating vegetables was healthier.
	B	☐	her uncle had a vegetable farm and told her not to eat meat.
	C	☐	it felt wrong to her to play with the animals and then eat them.
20. Amber's parents …	**A**	☐	were shocked that Amber wanted to be a vegetarian.
	B	☐	found her decision easy to live with.
	C	☐	were vegetarians.
21. Connor thinks that …	**A**	☐	you should always eat salad and potatoes with your meat.
	B	☐	it's not healthy to be a vegetarian, especially as a child.
	C	☐	eating no meat at all would make him go crazy.
22. Amber believes it's terribly wrong …	**A**	☐	that animals kill each other in the wild.
	B	☐	that Connor doesn't like salad.
	C	☐	how a lot of animals are kept and killed.
23. Dylan …	**A**	☐	agrees with Connor that mass animal farming is necessary and natural.
	B	☐	thinks like Amber about keeping animals.
	C	☐	isn't interested in how animals are kept.
24. From a documentary Dylan has learned that …	**A**	☐	turkeys are often farmed very unnaturally to grow fat very quickly.
	B	☐	eating turkey is unhealthy.
	C	☐	normal turkeys can't fly or walk.

25. Dylan thinks that …	**A**	☐	people should give up meat completely.
	B	☐	people shouldn't buy mass-produced meat.
	C	☐	it isn't necessary to kill animals.

Lösungshilfe

a) vor dem Hören:

Step 1: Die Überschrift und die Aufgabenstellung verraten dir bereits, dass es sich um das Thema „Tierrechte/fleischlose Ernährung" handeln muss. In der angekündigten Radiosendung werden vier Personen diskutieren, d. h., es werden unterschiedliche Meinungen vertreten sein.

Step 2: Lies die Antworten genau durch und markiere Schlüsselbegriffe in den Lösungsvorgaben, die dir später als Signalwörter während des Hörens hilfreich sein können. Aussage 19: Markiere z. B. A – eating vegetables – healthier, B – uncle – vegetable farm – not eat meat, C – wrong to play – then eat

Step 3: Überlege, ob es Antwortvorgaben gibt, die du bereits im Vorfeld ausschließen kannst bzw. für sehr unwahrscheinlich hältst. Kennzeichne sie.

b) beim Hören:

Nutze nun deine markierten Schlüsselbegriffe als Signalwörter. Sie helfen dir, dich auf das Wesentliche zu konzentrieren. Denk daran: Gib bei Verständnisschwierigkeiten nicht auf! Bleibe ruhig und versuche, mit dem Hören immer wieder neu anzuknüpfen.

E 2 Leseverstehen

Reading Part 1: Out and About – Notices and Signs

- Read the text of each sign.
- Read the four statements next to it and decide which statement matches the sign.
- Tick ✔ the right statement. Only one of them is correct.

1.

SAY "NO" TO CRIME IN OUR COMMUNITY!  Lock your car at all times. Don't leave your handbag, your money, your mobile or other valuables in a parked car. Report any suspicious activities and emergencies to your local police department under 0701011.	**A**	☐	You can't park your car here.
	B	☐	Next to the police department you don't need to lock your car.
	C	☐	You should take things that are worth a lot with you.
	D	☐	You must call 0701011 if you need more information.

2.

At White Oak Hospital Park:

This hospital park is open to the public.
Please respect the park rules.
Take your litter home.
No alcoholic drinks allowed.
No skateboarding.
Park closes at dusk.

A	☐	You can't drink beer in the park.
B	☐	You have to buy your drinks in the park.
C	☐	This park is only open to hospital patients.
D	☐	In summer the park is open 24 hours a day.

3.

Dog fouling is litter!

So don't let your dog foul streets, parks or other people's gardens.
Clean up or pay up!
Minimum on-the-spot fine: £ 200

A	☐	You are not allowed to walk your dog in this park.
B	☐	It will cost a lot of money if you don't clean up the dirt after your dog.
C	☐	This sign asks you to use the bins for your litter.
D	☐	It costs £200 a year to use these gardens.

4.

Do not chain your bicycle here.
Cars and lorries have to pass through these gates at all times.
Any bikes chained to the gates will be removed at the owner's expense.

A	☐	You mustn't forget to lock your bicycle to the gate.
B	☐	You cannot park your bike here.
C	☐	Only cars or lorries can park here.
D	☐	You can't park here today because the owner is moving.

5.

Yosemite Park Sign:
Bear Warning
Proper food storage required.

Do not keep food in tents or vehicles at night. Free bear-proof storage boxes available at car park entrance.

A	☐	This sign tells you how to feed the bears.
B	☐	You can buy proper food containers at the park reception.
C	☐	You must keep your food in special containers at night.
D	☐	There are no bears in this area.

Lösungshilfe

Lies zunächst die Aufgabe in Ruhe durch. Denk daran: Um sie erfolgreich zu lösen, musst du nicht jedes Wort verstehen!
Lies die Hinweisschilder und die dazugehörigen Antwortmöglichkeiten in Ruhe durch. Konzentriere dich auf Schlüsselwörter, die dir bei der Auswahl der richtigen Aussage helfen. Achte besonders auf Modalverben wie *must/must* not, *can/cannot*, *have to*, ... usw.
Im ersten Beispiel könnten folgende Schlüsselwörter markiert werden: "crime – community – don't leave (things) – in car – report emergencies to police." Hier geht es also um die *Vermeidung von Verbrechen* in der *Gemeinde. Du sollst (Dinge) nicht im Auto lassen und im Notfall die Polizei informieren.*
Mit dieser Vorgehensweise kannst du die falschen Aussagen sehr schnell erkennen.

Reading Part 2: British Music Festivals

All the people below would like to go to a music festival.

- First read the information about them, then look at the different festivals on the next page.
- Find **two** possible festivals for each of the people below.
- Some festivals can be chosen more than once.
- Write the letters of the festivals in the boxes next to the right person.

No.	Festival 1	Festival 2		The people
6/7				a) **Cameron** lives in London and loves festivals but would like to get away from the mainstream big acts of rock. He loves electronic dance stuff and chill-out music and a bit of folk and jazz. He doesn't want to travel and can't afford more than £60 for a ticket, so for him a festival should be in the city.
8/9				b) **Rebecca** would like to have a weekend away from the big city seeing some great rock bands and enjoying the atmosphere and the music with other people. She can spend up to £200 on this. Unfortunately she won't have time for any festival in August because she is starting a new job then.
10/11				c) **Ben** is a festival-goer who loves all kinds of music – from metal to folk. Now that he is a bit older, music isn't everything. He doesn't want the big crowds and the fast food anymore. He'd prefer something different, with some theatre or the arts. He'd love to take his wife and his little two-year-old child for a festival weekend away in the countryside.
12/13				d) **Megan**, an American student, is spending a year in London and wants to experience a British music festival, but she hates camping in the countryside. She is into folk music and mainstream rock or pop. She likes making music, too. She'd like a festival day or weekend, preferably in London or in another city.

14/15				**e) Liam** loves big festivals with loud music, crowds of people, many different bands, big and famous names, camping in the field – the whole experience. He is prepared to pay quite a lot of money for that. He doesn't like all those arty family festivals with films, talk, etc. For him the perfect festival has to be two or three days of music and partying!

A Wilderness Festival; 12–14 August; adults – £ 99/ family ticket – £ 200
This is a very different kind of festival. Far away from the usual crowds and the camping in the dirt, it offers music, food, learning, literature and theatre – all set among the beautiful lakes and parkland of Oxfordshire. Great musicians, theatre artists and celebrated restaurant chefs create this unique experience. Activities for the whole family are organised, including nature walks and boating. Little ones can make use of the children's area with babysitting and games.

B Field Day; tickets on sale from £ 25.00
An Indie one-day festival with a dash of electro and dubstep. It is based in Victoria Park, East London, usually organised in early August. On different stages many dance acts will get you into the groove. As well as all the amazing music, Field Day's off-the-wall Village Green area, 'Village Mentality', will supply plenty of good food and drink.

C Isle of Wight Festival; 11–12 June; weekend with camping – £ 165.00
Big and friendly festival that mixes famous mainstream rock bands like the Foo Fighters or U2 with newer independent artists and bands – so there's something for everyone. Friendly crowds, great atmosphere, good parties and fantastic countryside. What a weekend!

D Bloodstock Open Air; 11–15 August; full weekend with camping – £ 105
The best metal and heavy rock acts from across the globe, over 12,000 fans in a field – that is what you can expect at Bloodstock in August for a weekend of loud and unspoilt Heavy Metal! Over 100 artists including metal legends like MOTORHEAD will perform on three stages over 3 days.

E The Bath Folk Festival; 8–14 August; workshop tickets from £ 75
The Bath Folk Festival is a seven-day event with live concerts by over 60 acts from all over the world. You can also take part in workshops or music summer schools in many different places all across the city of Bath. Listen to music or even learn to play folk music with some of the best players in the scene.

F Latitude Festival; 14–17 July; weekend camping - £ 177.00; day ticket £ 76.00
The best one when it comes to combining music, art, dance and poetry. A variety of musical artists including some big names and bands, a friendly atmosphere with green fields for camping and lots of things to do for typical festival-goers and families – from all night parties to art talks and activities for the whole family or home-made food from the nearby farms. All this set in the beautiful greens of Henham Park, Southwold.

G Wireless Festival; 1–3 July; weekend £ 104.25, day tickets £ 54.25
A festival you can get to by bus - right in Hyde Park, the heart of London. So there's no muddy field and no need to sleep in a tent. Every year this festival offers amazing line-ups with the biggest names of rock and pop. This is the big one you shouldn't miss!

H Finnstock (Tickets available now at just £ 7.50 from Tamesis Dock)
Festivals these days are all too expensive, over-hyped and miles away. But this one is different: Finnstock is back in London in August. Right in the middle of the Thames. No great names of mainstream music, but all the best new London bands will be there. Finnstock has everything any festival-goer needs.

Lösungshilfe

Die Aufgabenstellung verrät dir bereits, dass du für jede der vorgestellten Personen zwei Festivals aus dem Angebot A bis H auswählen sollst, die seinen/ihren Interessen und Vorlieben entsprechen.
Dazu ist es unerlässlich, dass du im ersten Arbeitsschritt wichtige Informationen (= Schlüsselwörter) in der jeweiligen Personenbeschreibung markierst. Schlüsselwörter können hier z. B. das Alter, der Musikgeschmack, die Preisvorstellung oder der gewünschte Veranstaltungsort sein.
Bei Person 1 (Cameron) bieten sich beispielsweise folgende Begriffe an: *electronic, chill-out music, folk, jazz, no travel, (no more than) £ 60, in city (London)* – Auf diese Weise kannst du bereits gezielt nach preiswerten Festivals in London suchen. Die Auswahl beschränkt sich so schnell auf B,G und H. Der Musikgeschmack grenzt anschließend die Auswahl (B und H) weiter ein.

Reading Part 3: The Flash Mob Phenomenon

- Read the text and the statements on the opposite page.
- Put a tick ✔ in the box next to the correct statement.
- For each task only one statement is correct.

The phenomenon of the flash mob – masses of people who meet suddenly and only for a short moment in a public place for an unusual or strange perfomance – began in 2003 and quickly spread to cities all across the world.
Flash mobs are organized through the Internet/social media like Facebook, Twitter or viral e-mails. There have been many examples of popular flash mobs in recent years.
A well known one was the April 2006 Silent Disco in London. At various London underground stations, people gathered with their MP3 players, and started dancing to their music at the same set time. It was reported that more than 4,000 people were dancing silently at London Victoria station alone.
Worldwide Pillow Fight Day followed in March 2008. Over 25 cities around the globe took part in the first "international flash mob", which was the world's largest flash mob to date. According to *The Wall Street Journal,* more than 5,000 people participated and threw pillows at one another in New York City. The event was organized via social networking sites, including Facebook, Myspace, private blogs, as well as by word of mouth, text messaging, and e-mail. Participating cities included Atlanta, Budapest, Chicago, Copenhagen, Melbourne, New York, Paris, Shanghai, Zurich and many more.
Then there was August 29, 2009, when around 13,000 people met in Mexico City to celebrate Michael Jackson's 51st birthday by dancing to his song "Thriller".
Although these spontaneous public meetings are usually organised as peaceful events, some of them are becoming troublesome. In a number of cities, flash mobs have led to vandalism.
Pizza shop owner Joey Rocco from Philadelphia has seen an out-of-control flash mob firsthand. His pizza place is on South Street, in the heart of the city. It is a popular hangout for both kids and tourists.

It was some weeks ago, and Rocco's pizza shop was filling up with customers. "We had the windows open; it was a beautiful night," he says. "People were sitting in the window areas, and I just happened to look out and said 'Wow, the street is really crowded.'" Some say the crowd of youths was in the hundreds. Others say thousands. Rocco says the kids began to jump up and down, and then total chaos broke out. Some of the teens started beating each other up, while others began banging on the windows of his shop. "They were trying to climb in the windows over the people who were dining, so we pushed them out and we locked the front doors," he says. "Whatever they had in mind, to me, it was like a home invasion." In recent months Chicago police have also had many problems with what they call "mob thefts". Large groups of teenagers repeatedly attacked stores on Chicago's North Michigan Avenue – a busy shopping area. Usually between five and as many as thirty 13-18 year-olds meet in front of a shop. They flood inside, one of them gives a signal and then they all grab expensive goods, designer wear or other things and disappear before the police arrive. Police believe these shoplifting attacks are coordinated through text messages. Now they have special officers monitoring social networking sites, and others are regularly patroling the shopping district. This strategy is beginning to show results: the number of mob thefts in the area seems to be going down. There are also cases of unintended flash mobs. It happened to a German teenage girl only recently. She put an invitation for her Sweet Sixteen party on Facebook and forgot to mark it as private. Despite public announcements that the party was cancelled, over 1,500 guests made their way to her Hamburg home where local police tried to keep the crowd under control while the birthday girl had to hide somewhere else.

16. Flash mobs ...
A) ○ started as a phenomenon in 2003.
B) ○ were only popular for a short period of time.
C) ○ are usually arranged with the help of the Internet.
D) ○ A + C

17. Silent Disco was an organized flash mob ...
A) ○ at a dance club that opened in 2006 underneath London Victoria underground station.
B) ○ that saw people dancing to music which only they could hear on their MP3 players.
C) ○ that happened at only one London tube station.
D) ○ that saw 4,000 people dancing all over London.

18. Worldwide Pillow Fight Day ...
A) ○ happened in cities in America, Asia, Australia, Europe in 2008.
B) ○ was the first known international flash mob.
C) ○ was organized by the Wall Street Journal.
D) ○ both A + B.

19. On Worldwide Pillow Fight Day ...
A) ◯ more people took part in a global flash mob than ever before.
B) ◯ thousands of people from over 25 cities came to New York to take part in this flash mob.
C) ◯ up to 5,000 people all over the world were throwing pillows at each other.
D) ◯ both B + C.

20. On August 29, 2009 ...
A) ◯ Michael Jackson celebrated his 51st birthday in Mexico City.
B) ◯ 13,000 people all over the world were dancing to "Thriller" at the same time.
C) ◯ many thousands of people were dancing to "Thriller" in Mexico City.
D) ◯ both A + B.

21. Joey Rocco's pizza place ...
A) ◯ is outside the city center, in the south of Philadelphia.
B) ◯ doesn't normally attract a lot of tourists.
C) ◯ was quite busy on the evening of the incident.
D) ◯ doesn't allow customers to sit by the windows.

22. Joey Rocco ...
A) ◯ witnessed a flash mob that went violent.
B) ◯ organized a flashmob to make his pizza shop famous.
C) ◯ had over a thousand people in his pizza shop.
D) ◯ had to close his pizza shop down after a flash mob.

23. Chicago ...
A) ◯ has special shops for 13–18 year-olds on North Michigan Avenue.
B) ◯ has had problems with groups of teenagers who started robbing shops.
C) ◯ is the city where teenage groups attacked the local police department.
D) ◯ has a law that doesn't allow more than five teenagers at the same time into one shop.

24. Chicago police ...
A) ◯ have policemen walking around in the shopping district.
B) ◯ have officers checking social media for signs of flash mob activities.
C) ◯ both A + B.
D) ◯ have managed to stop all mob thefts.

25. In Hamburg ...
A) ◯ a teenage girl planned her own flash mob birthday party.
B) ◯ over 1,500 guests turned up for a birthday party they had read about on Facebook.
C) ◯ some local policemen were also invited to the party.
D) ◯ a birthday girl was very suprised when she opened her door to 1,500 guests.

Lösungshilfe

a) vor dem Lesen:
Bereits die Überschrift verrät dir, dass es in diesem Text um Flashmobs geht, von denen du sicher schon gehört hast. Was weißt du bereits darüber? Worum könnte es gehen?
Mit dieser Erwartungshaltung solltest du alle Ankreuzmöglichkeiten gründlich durchlesen. Gibt es Lösungsvorschläge, die dir unwahrscheinlich erscheinen bzw. die du bereits im Vorfeld ausschließen kannst? Kennzeichne sie.
Markiere außerdem Schlüsselwörter der Lösungsvorgaben (z. B. „Silent Disco" oder „Chicago").

b) beim Lesen:
Auch dieser Lesetext ist in verschiedene Abschnitte gegliedert. In der Regel widmet sich jeder Abschnitt einem Aspekt des Themas. Deine markierten Schlüsselwörter (z. B. „Silent Disco" oder „Chicago") finden sich in einzelnen (aufeinander folgenden) Abschnitten wieder. Lies also gezielt Abschnitt für Abschnitt. **Achtung:** Bei einigen Aufgaben sind zwei Lösungsvorgaben richtig. Lies deshalb immer gründlich und versuche dich zu konzentrieren.

E 3 Mediation: Urban Gardening

You have read the following text ("Urban Gardening") in your local paper. The journalist who wrote it visits your school to start a project with you. She does not speak much English. In your class you have a Swedish exchange student, Sanne, who speaks English but does not understand much German. You and the exchange student talk to the journalist about the project. Help them by mediating what they say.

Urban Gardening

Urban Gardening entstand aus dem sogenannten „Guerilla Gardening", einer Protestbewegung gegen die zunehmende Bebauung der Innenstädte, die das Abholzen von Bäumen und das Verschwinden von Grünanlagen zur Folge hatte. Ziel war es, durch die heimliche Aussaat von Pflanzen und Blumen tristen Städten die Farbe zurückzugeben. Inzwischen ist aus der häufig illegalen Bepflanzung in vielen Großstädten eine anerkannte Gemeinschaftsbewegung geworden. Das eigene Stadtviertel zu bepflanzen, ist nicht nur schön, es ist auch einfach und macht Freude. Alles was du brauchst, ist eine Vision, natürlich ein passendes Stück Land und Pflanzen oder Blumen.

Besonders viel Spaß macht es, wenn man mit Freunden oder der Klasse zusammen gärtnert. Bevor ihr beginnt, solltet ihr euch jedoch einen Plan machen:

- Welchen Ort wollt ihr verschönern? Schaut euch in eurem Wohnviertel um und sucht eine besonders triste Stelle.
- Was wollt ihr anpflanzen? Einen oder mehrere Bäume? Blumen oder andere spezielle Pflanzen?
- Woher bekommt ihr die Blumen oder Samen? Kennt ihr jemanden, der einen Garten hat und Pflanzen kostenlos verschenkt?

Wenn euer Garten angelegt ist, solltet ihr auch bestimmen, wer sich um die Pflege der Pflanzen kümmert. Das bedeutet, dass ihr euch viele Wochen, manchmal auch Monate mit dem Garten beschäftigen müsst: Die Blumen müssen z. B. gegossen oder Abfall aufgesammelt werden.

Sanne: I've heard of 'urban gardening' in countries like Cuba or Kenya, where people grow vegetables on empty land.

You: ____

Journalist: Ja, aber wir wollen in erster Linie unsere Stadt schöner machen.

You: ____

Sanne: OK. But surely you can't just go and plant trees and flowers wherever you like. Doesn't the Town Council look after all that?

You: ____

Journalist: Ja und nein. Die Stadt pflanzt schon Bäume und Blumen, aber eigentlich nur in der Stadtmitte, wo die Geschäfte sind.

You: ____

Sanne: So where are you going to plant your garden?

You: ____

Journalist: Wir wollen das leere Grundstück neben dem Schulhof bepflanzen, es ist so hässlich ...

You: ____

Sanne: But doesn't that belong to anyone?

You: ____

Journalist: Ja, schon: Ich habe herausgefunden, dass es der Firma nebenan gehört, dem Autohändler Frisch.

You: ____

Sanne: So what are you going to do first?

You: ____

Journalist: Wir müssen die Familie Frisch natürlich fragen, ob wir ihr Grundstück schöner machen dürfen.

You: ____

Sanne: OK. Can I come along with you? When are you going to ask them?

You: ____

Journalist: Ja, sicher darfst du. Wie wär's mit heute direkt nach der Schule?

You: ____

Sanne: Oh, I'm sorry, I can't make it today. My host family are taking me shopping.

You: ____

Journalist: Ach, das ist aber schade. Ich kann nur heute. Aber du darfst auf jeden Fall mitmachen. Ich sage Bescheid, wenn wir die Erlaubnis zum Anfangen bekommen haben.

You: ____

Lösungshilfe

Bei dieser Aufgabe sollst du ein Gespräch dolmetschen. Achte darauf, dass du den Sinn der Aussagen nicht zerstörst. Du musst nicht wortwörtlich übersetzen. Du musst aber darauf achten, dass du die Sprechperspektive veränderst, denn du versuchst ja, im Gespräch zwischen den beiden zu vermitteln.

E 4 Schreiben

Part 1: An Exam Survey – Einen Fragebogen ausfüllen

This questionnaire was posted on the Internet to see how teenagers in different countries deal with exams and exam stress. Please fill in this questionnaire. Write keywords or short sentences. You may use your imagination.

Exam Survey

Age:		
Sex:		
Home country:		/ 1 P.
How many exams do you have to sit/take this year?		/ 1 P.
How do you feel before an exam?		/ 1 P.
How long before an exam do you start preparing for it?		/ 1 P.
What, in your opinion, is the best thing to do the day/night before an exam?		/ 1 P.

Lösungshilfe

Das Ausfüllen eines Fragebogens erscheint oft leichter als es ist. Lies die Aufgabenstellung immer gründlich durch. Wichtig ist z. B. die Frage, ob du in ganzen Sätzen oder in Kurzform antworten sollst.
Bei diesem Beispiel wird von dir erwartet, dass du selbst erkennst, wo Stichpunkte und wo ganze Sätze sinnvoll sind. Entscheidest du dich für Sätze, beginne mit einem Großbuchstaben und beende sie mit einem Punkt. Stichpunktartige Antworten schreibe klein. Achtung: Ortsangaben *(home country)* werden natürlich groß geschrieben.
Beim Ausfüllen solltest du unbedingt das Fragewort markieren. Achtung: Es kann aus mehreren Teilen bestehen. *How many* erfragt erfragt eine Anzahl. Hier ist eine Ziffer erlaubt. *How long* erfragt eine Zeitspanne. Hier wird eine Antwort wie *two weeks*, *three months*, … erwartet.
How (do you feel) erfragt dagegen deine Gefühlslage. Hier genügen Adjektive wie *nervous* oder *relaxed*.

Writing Part 2: Getting Fit – Einen Brief oder eine Mail verfassen

You have found this message posted on the Internet.

- Write a letter to Tracy and answer her questions.
- Write between 100–160 words.
- Do not use Internet slang.

Help!
The summer is almost here and I'm feeling really bad. I've spent the last three months sitting at home and preparing for my exams and now I'm feeling fat and unfit! My friends and family think I look normal but ... I can't even run for the bus without getting out of breath! So what can I do to feel better? Should I go on a diet? Perhaps I should try some of these magic fat-burning pills. Do you think that might work? Should I do some regular exercise? What do you do to keep fit? I'm looking forward to reading your advice. Thanks, Tracy.

Hi Tracy,

____

____

____

____

____

____

____

____

____

____

____

Lösungshilfe

Du hast diese *message* im Internet gefunden, kennst also das Mädchen nicht und solltest daher Einleitungssätze, wie sie unter Bekannten üblich sind, z. B. *It was good to hear from you, I hope you're well,* **nicht** benutzen. *I read your message on the Internet and have some ideas for you* wäre z. B. ein besserer Einstieg. Bei dieser Aufgabe ist es wichtig, dass du alle Fragen beantwortest. Achte auf die für diese Textform typischen Formalien wie eine Begrüßung mit Anrede und einen passenden Schluss. Verwende nur Vokabeln, deren Schreibweise du sicher beherrschst. Lies deinen Text nach dem Schreiben noch einmal genau durch und hake dabei ab, ob du alle verlangten inhaltlichen Aspekte berücksichtigt und damit die Anforderungen erfüllt hast.

Zeitkontrolle und Auswertung für Teil D und E

Nutze die Tabelle, um zu sehen, wie du mit der Zeit ausgekommen bist.

	geplante Zeit	**benötigte Zeit**
Hörverstehen	30–40 Minuten	
Leseverstehen	40 Minuten	
Mediation	15–20 Minuten	
Schreiben	40 Minuten	
Gesamtzeit	125–140 Minuten	

Lagst du gut in der Zeit? Worauf musst du in der Originalprüfung achten?

___

Beantworte die Fragen und reflektiere, was gut gelaufen ist, was nicht so gut gelaufen ist, und welche Tipps und Arbeitstechniken dir geholfen haben, die Aufgaben erfolgreich zu lösen.

Diese Aufgabenteile habe ich schnell lösen können:

___

Für diese Aufgabenteile habe ich (sehr) viel Zeit gebraucht:

___

Beim Hörverstehen half mir

___

Beim Leseverstehen half mir

___

Bei Mediation half mir

___

Beim Schreiben half mir

___

Was bedeutet dies für den nächsten Test?
Fasse hier zusammen, was du beim nächsten Test besser machen oder worauf du besonders achten möchtest. Vergiss nicht, dies einmal zu lesen, bevor du mit dem nächsten Test beginnst.

___

___

___

Abschlussarbeiten 2020 – IGS G-Kurs Englisch

Quelle der Aufgabenstellung: Niedersächsisches Kultusministerium
Einige der Abbildungen weichen aus lizenzrechtlichen Gründen von der Darstellung in der Original-Prüfungsarbeit ab.

I. Listening

Part 1 – Questions 1–6:

Track 14

- You will hear six short conversations.
  You will hear each conversation twice.
- For each question there are three pictures and a short recording.
- Choose the correct picture and put a tick ✔ in the box below it.

Example:

0. Which tickets do they buy?

A ☐ | B ☐ | C ☑

1. When does the drama group meet?

A ☐ | B ☐ | C ☐

2. Who is going to do the dishes?

A ☐ | B ☐ | C ☐

3. Which room does the guest get?

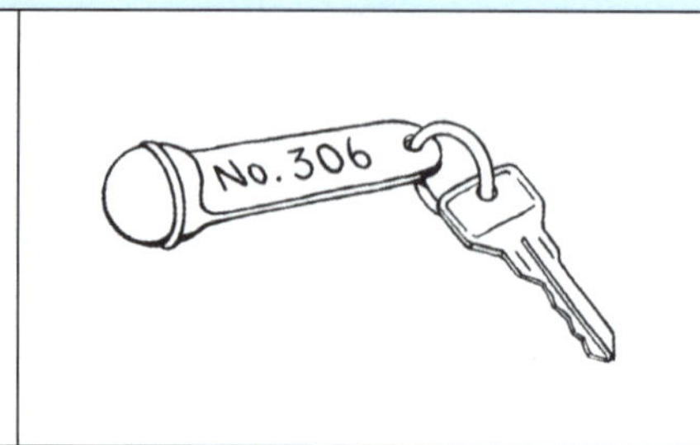

A ☐	B ☐	C ☐

4. How does Kevin get to his job interview?

A ☐	B ☐	C ☐

5. Where do the tourists go first?

A ☐	B ☐	C ☐

6. What's the weather like today?

A			B			C		
6 am	sunny	6° C	6 am	rain	6° C	6 am	sunny	6° C
12 pm	cloudy	15° C	12 pm	rain	15° C	12 pm	cloudy	15° C
6 pm	rain	8° C	6 pm	cloudy	8° C	6 pm	cloudy	8° C

A ☐	B ☐	C ☐

/ 6 P.

Part 2 – Questions 7–12: Job interview

Track 15

- Listen to the following conversation between Kevin and Sandy. Kevin is applying for a job at Sandy's fashion store.
- For questions **7–12** tick ✔ the correct box A, B or C.
- The first question is an example.

Example:

0.	The applicant's name is ...	A) Sandy Burns.	☐
		B) Kevin Grant.	☑
		C) Kevin Burns.	☐
7.	Kevin learned about the job offer ...	A) on the Internet	☐
		B) at a job fair.	☐
		C) from a friend.	☐
8.	One of Kevin's weaknesses is his ...	A) perfectionism.	☐
		B) shyness.	☐
		C) honesty.	☐
9.	He says that a job applicant could wear ...	A) jeans.	☐
		B) trainers.	☐
		C) a T-shirt.	☐
10.	In Costa Rica, Kevin ...	A) sold coffee.	☐
		B) guided tourists.	☐
		C) worked in a national park.	☐
11.	Kevin's best language is ...	A) Spanish.	☐
		B) French.	☐
		C) Polish.	☐
12.	At first, Kevin's pay would be ...	A) six pounds per hour.	☐
		B) eight pounds per hour.	☐
		C) ten pounds per hour.	☐

/ 6 P.

Part 3 – Questions 13–18: Writing competition – *Out of Doors Club*

Track 16

- Listen to this radio ad for a writing competition.
- For questions **13–18** fill in the gaps to complete the notes.
- The first question is an example.

Organiser:	**0.** Out of Doors Club
Write about:	**13.** ______________
Number of words:	**14.** ______________
Open to children aged:	**15.** ______________
Prize:	**16.** ______________
Send entries to:	**17.** ________ @ ________
Entry deadline	**18.** ______________

/ 6 P.

Part 4 – Questions 19–25: Interview with a polyglot

Track 17

- You will hear an interview with Leyla Skovekolá. She talks about different ways of learning a language.
- For questions **19–25** decide whether each sentence is true or false.
- Put a tick ✔ in the correct box 'true' or 'false'. The first question is an example.

		true	**false**
0.	A polyglot can speak more than one language.	☑	☐
19.	Ms Skovekolá learned to speak English at school.	☐	☐
20.	She developed her own way to learn languages.	☐	☐
21.	She gave up reading Harry Potter because it was too difficult.	☐	☐
22.	Reading her favourite book was a good way to improve her English.	☐	☐
23.	Learning lists of vocabulary is a good way to keep words in your memory.	☐	☐
24.	Talking to yourself does not help you learn languages.	☐	☐
25.	It's difficult to find the time to learn a language.	☐	☐

/ 7 P.

Information based on: https://www.ted.com/talks/lydia_machova_the_secrets_of_learning_a_new_language (20.03.2019)
TED Conferences LLC (New York), 10.2018

II. Reading

Part 1 – Questions 1–5

- Read the texts below. Then read the statements (**1–5**).
- Decide whether the statements are **true** or **false**.
- Then tick ✔ the correct box.

To rent:
Incredible modern flat on the 2nd floor in London SW 6!

- 2 spacious bedrooms – not furnished
- floor to ceiling windows
- large open kitchen
- 2 minutes from tube station
- Shops and restaurants within walking distance
- £850 a month
- Viewing anytime that suits you

Phone 020 933 9458

We buy your phone!

Got a new smartphone? Great!

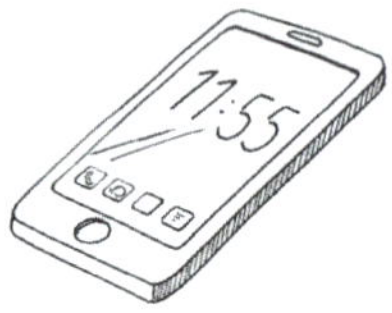

Why not sell your old one?
We buy all brands and models.

BEST PRICES PAID!

For more information visit our webpage:
www.webuyyourphone.com

Teen Writing Club

For kids in grades 6–10

September 18th – December 18th
(no class Nov 6th)

Tuesdays 4pm – 5pm,

Do you like to write and want to share your stories, poems or thoughts?

Join us every Tuesday this autumn at the Spencer Library.
Let's put some great words to paper!

For more information email to
inspiration@spencer-library.com

Spencer Library, 244 East Street, New York

Quelle Bild: unten rechts: fotolia.com/micmacpics
Quelle Text: unten rechts: adapted from: https://albany.kidsoutandabout.com/content/teen-writing-club-4

		true	false
1.	The people from *webuyyourphone.com* are interested in new phones.	☐	☐
2.	The two-bedroom flat is only two minutes from shops and restaurants.	☐	☐
3.	The Action Theatre Company puts a show together in less than a week.	☐	☐
4.	The teen writing club takes place every Tuesday during the summer.	☐	☐
5.	Young writers can't write poems at the library on the 6th November.	☐	☐

/ 5 P.

Part 2 – Questions 6–10: Edinburgh Castle

- Read these short texts about Edinburgh Castle and decide which headline (**A–G**) fits each text (**6–10**) best. Write the correct letters behind the numbers.

A. A lot to see

B. Used by the Army

C. Home to royalty

D. Ancient traditions live on

E. Treat yourself

F. A national symbol

G. Get a tattoo

6.	☐	Edinburgh Castle, situated high above the city on Castle Rock, was once the home of the kings and queens of Scotland. The 700-year-old Crown of Scotland can still be seen there, and the Royal apartments include a small room where James I, who later became King of England, was born in 1566.
7.	☐	Many battles with the English took place at the castle. It was attacked many times over the centuries but was never destroyed. That is why many Scots see it as a symbol of their own survival.
8.	☐	Visitors to the Castle will see a military guard at the gate, because the castle is still the headquarters of the Scottish part of the army. The famous Military Tattoo is also held here every August. This is a spectacular three-week festival of bagpipe and band music […].
9.	☐	In Edinburgh Castle you can see exhibitions of Scottish history and a collection of armour and weapons. In addition to what there is to see inside, the castle's hilltop position offers the best views of the city.
10.	☐	The traditional afternoon teas can be one of the great pleasures of a visit to the castle. Enjoy sandwiches, scones, home-baked cake and whole leaf tea. Located beside the tearoom, our gift shop has a number of souvenirs for you to take home.

/ 5 P.

Quelle Text: adapted from: https://znanija.com/task/16109747 (Brainly Company, 08.01.2016)
based on: https://www.edinburghcastle.scot

Part 3 – Questions 11–17: Gentle Giants

- For the questions **11–17** decide if each sentence is **true** or **false** and **where** you find the information in the text.
- Then tick ✔ the correct box **and give the line(s) where you find the information.** You will only get a point if both parts of the answer are correct.

There are many things you think of when you hear the word 'Australia': sun, surf, white sand beaches, and plenty of animals, including koalas and kangaroos. One animal that you normally don't think of is the camel. But they do exist in large herds in outback Australia. In fact, Australia's wild camel population is the biggest in the world, with about 750,000 roaming wild in the outback.

So how did they get here? Settlers introduced camels when they arrived in the 1840s. The increase in Australia's camel population developed from there. They were first used for transport over long distances in the desert. But when technology developed and cars were invented, they weren't needed anymore. Thousands of camels were released into the wild.

Although it was a good idea to introduce camels at the time, today there are more problems than advantages. Because they're so big, they have no natural enemies. That's why the camel population increased. Camels are made for surviving in the outback, because they can eat dry and thorny plants. However, they need to drink so much water at a time, they must use the waterholes that farmers need for their animals. As water is a very rare resource in the Outback, this has become more and more of a problem in recent years.

If you travel through central Australia chances are you will see camels. They're everywhere – the biggest wild herds live in the desert regions near the borders of Western Australia, the Northern Territory and South Australia. Watch out, because they often stand on the highway and you don't want to hit one with your car!

If you won't be here for long and want to make sure you see camels, visit one of the camel farms. There are over 50 Australian camel farms, trying to attract tourists. The farms are all over the country and the camels are well kept on their farms. You can go for a ten-minute camel ride, or a three-week camel safari. You can also take a camel trip around Ayers Rock, or Uluru as the Aborigines call the mountain. You can even have a taste of camel ice-cream produced on these farms.

Quelle Text: adapted from: https://theculturetrip.com/pacific/australia/articles/did-you-know-there-are-wild-camels-in-australia/
Quelle Bild: stock.adobe.com

		true	false	line(s)
0.	People think about skiing when they hear the word "Australia".	☐	☑	1–2
11.	There are more wild camels in Australia than everywhere else in the world.	☐	☐	______
12.	Immigrants brought camels with them when they settled in Australia.	☐	☐	______
13.	Later, motor vehicles replaced camels.	☐	☐	______
14.	Wild animals reduced the number of camels in Australia.	☐	☐	______
15.	Camels and farmers use the same water resources.	☐	☐	______
16.	Camels can be a danger when you travel by car.	☐	☐	______
17.	Camels are not allowed near the Aborigines' holy mountain.	☐	☐	______

/ 7 P.

Part 4 – Questions 18–25: *#fridaysforfuture:* Teens Changing the World

- Read the following article about the Fridays for Future protests.[1]
- Match the first parts of the sentences **(18–25)** with the sentence endings **(A–J)**.

[1] Aus urheberrechtlichen Gründen wird der in der Abschlussprüfung verwendete Text hier nicht abgedruckt. Scanne mit einem Smartphone den QR-Code, um den Originaltext zu lesen. Alternativ gelangst du über den folgenden Link zum Text: https://newsela.com/read/worldwide-student-climate-protest/id/50348/

		A	that is endangered by global warming.
18.	The protesters want governments	B	are one cause of global warming.
19.	Teenage activist Greta Thunberg	C	agree with the students.
20.	20,000 young people	D	in more than 100 countries.
21.	Scientists think that greenhouse gases	E	protested in Berlin.
22.	In Africa people don't use as much	F	that will have much more rain.
23.	A lot of scientists and politicians	G	started the "school strike"-campaign.
24.	Denmark's Prime Minister	H	fossil fuel as the rest of the world.
25.	Today's children will live in a world	I	wants adults to listen to the protesters.
		J	to do more against climate change.

18.	19.	20.	21.	22.	23.	24.	25.

/ 8 P.

III. Mediating

1. Stay safe online

Deine Schwester hat im Internet diese Verhaltenstipps gefunden. Da sie nur wenig Englisch versteht, fragt sie dich um Hilfe. Sie versteht nur die erste Regel. Erkläre ihr die Regeln 2–8 **auf Deutsch.**

1. Sei nett zu anderen Menschen, wenn du online bist.

2. ______

3. ______

4. ______

5. ______

6. ______

7. ______

8. ______

/ 7 P.

Quelle Bild: https://learnenglishteens.britishcouncil.org/skills/reading/elementary-a2-reading/online-safety-poster

2. Gefährliches Gewässer!

Du bist mit Antonia aus Texas spazieren. Ihr seht das folgende Schild. Antonia möchte von dir wissen, was es bedeutet. Erkläre ihr das Schild **auf Englisch.**

VORSICHT:

Gefährliches Gewässer!

Beim Baden besteht Lebensgefahr.

Betreten der Eisfläche verboten.

1. ______________________________

2. ______________________________

3. ______________________________

/ 3 P.

Quelle Bild: fotolia.com/moonrun

IV. Writing – Set I

Part 1 – AppWhats photo message – a concert

You have posted this photo on AppWhats. Your friend Kevin wants to know about the situation. Write two sentences for each part.

Cool picture, huh?

Wow, what's going on?

____

____

____

Where is it?

____

____

____

Who is with you?

____

____

How is the atmosphere? Do you like it?

____

____

____

Quelle Bild: stock.adobe.com/drpsd

/ 8 P.

Part 2 – An online comment

Should students be punished for taking part in *#fridaysforfuture* demonstrations instead of going to school?

Write
- two pros,
- two cons,
- and your opinion. (Give reasons.)

Write about **80 words.**

/ 12 P.

Quelle Bild: Picture-Alliance GmbH / dpa / Federico Gambarini

IV. Writing – Set II

Part 1 – *#fridaysforfuture* workshop

You want to take part in a *#fridaysforfuture* workshop. The organizers have sent you the following form. Fill in the form.

#fridaysforfuture workshop

Name: ______________________________

Last name: ______________________________

Date of birth: ______________________________

Address with country: ______________________________

____

Why do **you** want to take part in a *#fridaysforfuture* workshop? Give two reasons.

____

____

What do you expect from the workshop?

– ______________________________

– ______________________________

What does your school already do to protect the environment or what action do you plan to take at your school?

– ______________________________

– ______________________________

/ 8 P.

Part 2 – Creative writing: A writing competition

There's a writing competition in your favourite animal magazine. They want you to write a story about this picture.

Include the following aspects:
- the situation
- their relationship
- what happens next

Write about **80 words.**

/ 12 P.

Abschlussarbeiten 2020 – IGS E-Kurs
Englisch

Quelle der Aufgabenstellung:
Niedersächsisches Kultusministerium
Einige der Abbildungen weichen aus lizenzrechtlichen Gründen von der Darstellung in der Original-Prüfungsarbeit ab.

I. Listening

Part 1 – Questions 1–5

Track 18

- Listen to five short recordings.
- For each recording, there is a question with three pictures.
- Choose the correct picture and put a tick ✔ in the box *A*, *B* or *C* below it.

Example:

0. What is the man going to buy?

A ☐	B ☐	C ☑

1. When does the drama group meet?

A ☐	B ☐	C ☐

2. Who is going to do the dishes?

A ☐	B ☐	C ☐

3. Which room does the guest get?

A ☐	B ☐	C ☐

4. How does Kevin get to his job interview?

A ☐	B ☐	C ☐

5. Where do the tourists go first?

A ☐	B ☐	C ☐

/ 5 P.

Part 2 – Questions 6–12: A Job Interview

Track 19

- Listen to Kevin being interviewed for a job at a clothes shop.
- For each question, tick ✔ the correct box *a*, *b* or *c*.
- The first question is an example.

Example:

0. The applicant's name is …
- a) Sandy Burns. ☐
- b) Kevin Grant. ☑
- c) Kevin Burns. ☐

6. Kevin learned about the job offer …
- a) on the Internet. ☐
- b) at a job fair. ☐
- c) from a friend. ☐

7. Kevin has heard that …
- a) the shop offers good quality. ☐
- b) the shop's advertising is attractive. ☐
- c) the working conditions are good. ☐

8. Kevin thinks his … is his weakness.
- a) motivation ☐
- b) persuasiveness ☐
- c) honesty ☐

9. He recommends that a female applicant could wear …
- a) jeans. ☐
- b) trainers. ☐
- c) a fancy blazer. ☐

10. In Costa Rica, Kevin …
- a) sold coffee. ☐
- b) guided tourists. ☐
- c) worked in a national park. ☐

11. Kevin speaks ... best.
- a) Spanish ☐
- b) French ☐
- c) Polish ☐

12. In the beginning, on weekdays, Kevin would earn ... pounds per hour.
- a) six ☐
- b) eight ☐
- c) ten ☐

/ 7 P.

Part 3 – Questions 13–18: Phone Repair

Track 20

- The display of your smartphone is broken.
- You call the hotline of a repair shop to find out about their services.
- Listen to the recorded message and fill in the missing information.
- The first question is an example.

Name of the shop	0. Phone Hospital
Opening times	13. ____________
Where	14. ____________
Cost of your repair	15. ____________
How long it takes	16. ____________
Guarantee	17. ____________
Additional services	18. ____________

/ 6 P.

Picture from: stock.adobe.com/©blackday

Part 4 – Questions 19–24: Polyglot

Track 21

- You will hear a radio interview with Leyla Skovekolá, who speaks many different languages.

- Decide whether each statement is true or false.
- Put a tick ✔ in the correct box *true* or *false*.
- The first question is an example.

No.	Statement	true	false
0.	Leyla Skovekolá is a polyglot.	☑	☐
19.	Steven is fluent in French.	☐	☐
20.	Leyla did most of her language learning in class.	☐	☐
21.	She used her own choice of books to learn English.	☐	☐
22.	Learning lists of words is useful for learning a language.	☐	☐
23.	Leyla sees digital media as a good source for language learning.	☐	☐
24.	You can do other things while learning a language.	☐	☐

/ 6 P.

Adapted from: https://www.ted.com/talks/lydia_machova_the_secrets_of_learning_a_new_language (20.03.2019)
TED Conferences LLC (New York), 10.2018

II. Reading

Part 1 – Questions 1–5: Short Texts

- Read the texts (1–5) below and the statements a), b) and c) next to them.
- Decide which of the statements is the correct one for each text.
- Put a tick ✔ in the correct box.

1.

IF YOU ENCOUNTER A MOUNTAIN LION

FACE LION.
BACK AWAY SLOWLY.

BE LARGE.
SHOUT.

KEEP CHILDREN CLOSE.
PICK UP CHILDREN
WITHOUT BENDING.

IF ATTACKED, FIGHT BACK.

a)	Children should be left on the ground.	☐
b)	You should run away.	☐
c)	You should turn your face towards the lion.	☐

2.

All Service Moving

LOCAL RESIDENTIAL MOVING RATES: Less than 50 miles from our local office

The rate for 2 movers + 1 truck is $140/hour. Each additional mover is $55/hour. We bill with a 1-hour minimum on weekdays and a 4-hour minimum on weekends/holidays. Time starts and ends at our office. Time to and from our office is a fixed cost based on mapped time without traffic.

** Long distance rates vary

(206) 508-5855
www.allservicemoving.org

a)	Additional movers are free of charge.	☐
b)	If you live far away, you have to expect different rates for moving.	☐
c)	The billed time begins at your house.	☐

3.

Lovely luggage

I ordered this luggage after reading positive reviews about it, and I must say most reviews were correct. The luggage is even better than some of the more expensive brands. Quality is great and sturdy, colour is lovely and no need for a separate lock. Absolutely delighted, I hope that it lasts for many trips. Very happy with my new luggage.

luca w.

a)	The reviewer recommends buying an extra lock.	☐
b)	The buyer prefers more expensive brands.	☐
c)	Luca bought the product on the basis of other reviews.	☐

4.

Romeo and Juliet tickets (London)

Desperately seeking Romeo and Juliet Ballet tickets for May 29, or June 1, matinee or evening.

Looking for five tickets but could live with just two!

Coming into town from the United States with my son who loves ballet dancing.

a)	They would be OK with tickets on May 30.	☐
b)	Two tickets would be enough.	☐
c)	Their son is taking part in the London performance.	☐

5.

UNDERGROUND TRAVEL INFORMATION

Please carry water with you at all times!

Don't get on a train if you feel unwell.

If you feel unwell while on a train, please get off at the next stop and seek help from a member of staff.

a)	Drinks are forbidden on underground trains.	☐
b)	Water is sold on the trains.	☐
c)	You should only ride the train if you feel well.	☐

/ 5 P.

Part 2 – Questions 6–11: Environmental Issues

- Here are the summaries of five different presentations on how environmental issues influence our daily lives.[1]
- On the next page, there are seven headings.
- Decide which one would be most suitable for each text.
- For texts **6–11** write the correct letter **A–H** in the box next to the number.
- There are more headings than texts.
- A heading can only be used once.

6.	☐	Climate change is unfair. While rich countries can fight against rising oceans and dying farmland, poor people around the world are already having their lives turned upside down. Their lives are threatened. They struggle much more with killer storms, hunger and the loss of their own lands. The author asks us to join the movement for worldwide climate justice.
7.	☐	For some people, climate change isn't something to be debated or denied – it's an everyday reality. Some island nations in the Pacific may soon disappear from the map because of rising sea levels. In a personal conversation, the author discusses his country's climate catastrophe and its endangered future. "We've got to tell people that the world is changing rapidly," he says.
8.	☐	When we throw away our trash, where does it go? In this hard-hitting talk, the author shows us how our throwaway culture hits poor people and poor countries "first and worst", with consequences we all share no matter where we live. He offers some ways to reclaim our planet from the garbage.
9.	☐	Honeybees have been around for 50 million years. Each colony of 40 to 50,000 individuals is coordinated in amazing harmony. So why did colonies start dying in great numbers in recent years? Our author reveals four reasons for their dying. And the consequences may be tragic.
10.	☐	The author studies the genes that make plants more resistant to disease and stress. In an eye-opening talk, she describes her research in finding a gene that allows rice to survive long-term flooding. She argues that modern genetics is sometimes the most effective method to improve agriculture and ensure food security for our planet's growing population.
11.	☐	In this perspective-shifting talk, Danny Hillis invites us to think about creative scientific solutions for global issues like climate change. He looks at controversial solutions like building a giant solar shade to lower the global temperature.

Adapted from: https://www.ted.com/playlists/493/why_climate_change_is_a_human
TED Conferences LLC, New York, 05-2015
https://www.ted.com/talks/danny_hillis_exploring_options_for_solar_geoengineering
Danny Hillis, TED Conferences LLC, New York, 04-2017

[1] Aus rechtlichen Gründen wird hier die Aufgabe „Reading – Part 2" aus dem Vorjahr abgedruckt.

A	The unjust consequences of our waste
B	The different types of trash
C	The case for engineering food
D	A species we mustn't lose
E	My country may be under water soon
F	Why climate change is harder on the poor
G	How insects improve agriculture
H	Cooling down the earth

/ 6 P.

Part 3 – Questions 12–17: Zero Hour – Climate Crisis

- Read the following text about environmental teenage activist Jamie Margolin.[1]
- For questions 12–17, tick ✔ the correct box a), b) or c).
- For each question there is only one correct answer.

[1] Aus urheberrechtlichen Gründen wird der in der Abschlussprüfung verwendete Text hier nicht abgedruckt. Scanne mit einem Smartphone den QR-Code, um den Originaltext zu lesen. Alternativ gelangst du über den folgenden Link zum Text: https://www.huckmag.com/perspectives/activism-2/teenage-activists-protest-worldwide-agents-of-change/
Es genügt, wenn du den Abschnitt über Jamie Margolin liest.

12. The news alerts on Jamie's phone were about ...
- a) usual Canadian wildfires. ☐
- b) natural catastrophes. ☐
- c) mudslides in Seattle. ☐

13. She ...
- a) wanted to start a youth organisation. ☐
- b) thought she was too young to do anything. ☐
- c) wanted to join an activist group. ☐

14. Zero Hour ...
- a) started overnight. ☐
- b) is part of the Standing Rock protest. ☐
- c) took time and patience to form. ☐

15. Zero Hour members ...
- a) plan to protest in March. ☐
- b) are all from the State of Washington. ☐
- c) want politicians to ban fossil fuels. ☐

16. Their goal is to ...
- a) protect young people's future. ☐
- b) deal with climate change later. ☐
- c) save polar bears on ice caps. ☐

17. Jamie believes that climate change ...
- a) will affect poorer people less. ☐
- b) causes fracking in Colombia. ☐
- c) might make our planet unliveable. ☐

/ 6 P.

Part 4 – Questions 18–23: Dead Whale Washed Up in Philippines Had 40 kg of Plastic Bags in Its Stomach

- Read the text about dead whales below.
- For questions 18–23, tick ✔ the correct box *true* or *false* and give the line(s) of reference in the text.
- The first question is an example.

A young whale that washed up in the Philippines died from [...] 40 kg of plastic bags in its stomach.

Marine biologists and volunteers from the D' Bone Collector Museum in Davao City, on the Philippine island of Mindanao, were shocked to discover the brutal cause of death for the young [...] whale [...].

After conducting an autopsy, the museum stated on their Facebook page that they had uncovered "40 kilos of plastic bags, including 16 rice sacks, 4 banana plantation style bags and multiple shopping bags" in the whale's stomach [...].

Images from the autopsy showed endless piles of rubbish being taken out of the animal, which was said to have died from "gastric shock" after swallowing all the plastic.

The D' Bone Collector Museum biologists who conducted the autopsy said it was "the most plastic we have ever seen in a whale".

"It's disgusting," they added. "Action must be taken by the government against those who continue to treat the waterways and oceans as dumpsters."

The use of single-use plastic is especially excessive in south-east Asia. A 2017 report by Ocean Conservancy stated that countries like Indonesia, the Philippines, Thailand, and Vietnam have been dumping more plastic into the ocean than most other nations.

Marine biologist Darrell Blatchley, who also owns the D' Bone Collector Museum, said that in the 10 years they have examined dead whales and dolphins, 57 of them were found to have died because of rubbish and plastic in their stomachs.

In June last year, a whale died in southern Thailand after swallowing more than 80 plastic bags, which weighed up to 8 kg [...] in the creature's stomach. Marine biologists estimate around 300 marine animals including pilot whales, sea turtles and dolphins, are killed by plastic each year in Thai waters.

Adapted from: https://www.theguardian.com/environment/2019/mar/18/dead-whale-washed-up-in-philippines-had-40kg-of-plastic-bags-in-its-stomach

Picture from: stock.adobe.com

		true	false	line(s)
0.	40 kg of plastic were in the stomach of a young whale.	☑	☐	1
18.	The young whale died peacefully.	☐	☐	
19.	The museum went public with the results of the autopsy.	☐	☐	
20.	This amount of plastic in a whale is normal nowadays.	☐	☐	
21.	According to the text, the government uses the oceans to get rid of waste.	☐	☐	
22.	South-east Asian nations are responsible for large amounts of plastic trash in the oceans.	☐	☐	
23.	Every year, around three hundred large marine animals die from swallowing plastic waste worldwide.	☐	☐	

/ 6 P.

III. Mediating

Repair-Café

Evin ist vor Kurzem mit ihrem Bruder aus Syrien nach Deutschland gekommen und ist neu in deiner Klasse. Sie sucht Kontakte und ist technisch interessiert. Da ihre Deutschkenntnisse noch gering sind, hilfst du ihr, die Informationen auf der Website über ein örtliches Repair-Café zu verstehen, damit sie dort Reparaturdienste anbieten kann. Sie schreibt dich in einem Chat an.

REPAIR CAFE

Wegwerfen? Denkste!

An jedem ersten Samstag im Monat findet im Gemeindehaus zwischen 14 und 17 Uhr eine lockere Zusammenkunft von Nachbarn mit reparaturbedürftigen Dingen, Neugierigen und freiwilligen Helfern statt. Die Aktivitäten werden kostenlos und auf ehrenamtlicher Basis von den Reparaturexperten vor Ort ausgeführt.
Ziel ist es, neben dem Vermeiden von Müll, Erhalt von Werten und Verbreiten von Wissen auch Kontakte und den sozialen Zusammenhalt der Gemeinschaft zu fördern. Ebenfalls bieten wir Beratung zu Neuanschaffungen oder für die weitere Verwendung von Geräten, die veraltet zu sein scheinen, wie so manches Notebook oder Smartphone.
Die Initiative der „Repair-Cafés" geht auf die niederländische Journalistin Martine Postma zurück, die bereits 2009 das erste Repair-Café in Amsterdam eröffnete.
Wer mehr über die Initiative und die Ideen dahinter erfahren möchte: https://repaircafe.org/de/
Wir freuen uns über zahlreiches Erscheinen und Unterstützen dieser Initiative.
Wir möchten darum bitten bzw. darauf hinweisen, dass:

- Reparaturen, soweit es möglich ist, von den Besuchern unter Anleitung selbst ausgeführt werden
- eine Reparatur nicht garantiert oder gar verlangt werden kann
- Ersatzteile nicht kostenlos sein können (der Materialwert sollte erstattet werden)
- die Besucher für die Entsorgung ausgetauschter Teile oder nicht zu reparierender Geräte selbst zuständig sind

Natürlich freuen wir uns auch über eine freiwillige Spende.
Die Anschaffung von Werkzeugen, das Vorfinanzieren von Ersatzteilen u. v. m. kostet Geld, laufende Kosten sind zu begleichen. Aber auch ein Päckchen Kaffee oder ein Kuchen sind willkommen.

Wer als freiwilliger Helfer mitmachen oder Sachspenden mitbringen möchte, soll bitte vorher mit uns Kontakt aufnehmen.
[...]
Für alle Fragen stehen wir gern zur Verfügung:
repaircafe@hilfsverein-niedersachsen.de

Adapted from: https://hölderlin-eins.de/vereine-gruppen
Bürgerverein Kleefeld e. V. (Hannover)
Picture from: Repair Café International Foundation

09:15: Connected with Evin

Evin: Hey! Thanks for offering your help. I've found this website about a repair café. I think I could help people who have problems with their bikes. Can you tell me where and when the repair café takes place?

Me (1): ______________________________

Evin: Great, that should work. If I do some repairs, will I get paid?

Me (2): ______________________________

Evin: For me it's about helping others anyway. What about tools? Do I have to bring or buy them myself?

Me (3): ______________________________

Evin: I see. And how does it work? Would I repair the bikes on my own?

Me (4): ______________________________

____

Evin: Oh, that's cool. But what if I can't help them?

Me (5): ______________________________

Evin: Can I just go to the next meeting if I want to help?

Me (6): ______________________________

Evin: All right. Unfortunately, my German writing is not very good yet. Can you contact them for me and ask if they need someone who can repair bikes? And could you ask them if they think it would be a problem that my German isn't that good yet? Thanks so much.

(7/8): Du schreibst dem Repair Café eine E-Mail, um Evins Anliegen in Erfahrung zu bringen.

An:	repaircafe@hilfsverein-niedersachsen.de
Betreff:	Anfrage

____

____

____

____

____

____

/ 8 P.

IV. Writing – Set I

Part 1 – A Review: Bad Restaurant

The picture on the right shows a restaurant where you ate a few days ago.

Write a review of the restaurant for traveladvisor.com.

Write about 100 words.

Include:
- when you went there and what you ate
- a description of the conditions and the food you were served there
- how many stars you give this restaurant and why

traveladvisor.com

☆☆☆☆☆

Enter your review here:

/ 10 P.

Part 2 – A Diary Entry: To Your Future Self

Write a diary entry to your future self in 10 years from now. Write about 150 words.

Include:
- what hopes and dreams you have for your future (e.g. how you live, your family, your job etc.)
- what goals you would like to achieve
- what you think the world will be like

Dear future me,

content: / 6 P.	language: / 9 P.	total: / 15 P.

IV. Writing – Set II

Part 1 – An E-Mail: Shared Flat for Work and Travel

You want to work and travel around Spain and are looking for a shared flat in Barcelona. You find the following ad and decide to write an e-mail in order to apply.

Write about 100 words.

Looking for a shared flat? We're three international students looking for a flatmate. We offer: 15 sqm room and a shared bathroom for only 350 EUR a month.

Please let us know:
- who you are and why you would like to stay with us
- what you can contribute to our group
- questions about the flat

To:	
Subject:	

/ 10 P.

Part 2 – An Article: Stay at Home – Online Distance Learning

In a teen magazine you find the competition below. You decide to write an article. Write about 150 words.

We use technology for everything these days – so isn't it strange that you still have to go to school? Why can't you stay at home and study via video chat with your teacher and other students? Sounds great! Or is it?

Tell us about:
- advantages and disadvantages of this kind of learning
- if studying via video conference would be useful and possible at your school
- your opinion

We will publish the three best articles on our website.

content: / 6 P.	language: / 9 P.	total: / 15 P.

Picture from: stock.adobe.com/Africa Studio

Quellenverzeichnis

Textquellen

36/37 "Houses": https://www.elllo.org/english/Mixer101/T102-Dreamhouse.htm
98 "Teen Writing Club": Schenectady County Public Library-Niskayuna Branch (Niskayuna), https://albany.kidsoutandabout.com/content/teen-writing-club-4 (adapted)
100 "Edinburgh Castle": https://znanija.com/task/16109747 (Brainly Company, 08.01.2016) (adapted); information based on: https://www.edinburghcastle.scot
101 "Gentle Giants": Caitlin Morahan, The Culture Trip Ltd, 04.06.2018 (London), https://theculturetrip.com/pacific/australia/articles/did-you-know-thereare-wild-camels-in-australia/ (adapted)
114 "Polyglot": Lýdia Machová, TED Conferences LLC (New York), 10.2018, https://www.ted.com/talks/lydia_machova_the_secrets_of_learning_a_new_language (adapted)
117 "Environmental Issue": TED Conferences LLC, New York, 05-2015, https://www.ted.com/playlists/493/why_climate_change_is_a_human; Danny Hillis, TED Conferences LLC, New York, 04-2017, https://www.ted.com/talks/danny_hillis_exploring_options_for_solar_geoengineering (adapted)
120 "Dead Whale Washed Up in Philippines Had 40 kg of Plastic Bags": Hannah Ellis-Petersen, The Guardian, 18.03.2019 (London), https://www.theguardian.com/environment/2019/mar/18/dead-whale-washed-up-in-philippines-had-40kg-of-plastic-bags-in-its-stomach (adapted)
122 "Wegwerfen? Denkste!": Bürgerverein Kleefeld e. V. (Hannover), https://hölderlin-eins.de/vereine-gruppen (adapted)

Hörquellen

29 "A special day": https://www.elllo.org/english/0151/195-Nicola-BoxingDay.htm
30 "The Great British Heritage Pass": British Tourist Authority, London, http://www.english-the-international-language.com/listening/listening3.html. The text of this clip has been taken from the copyright free article "Steps to Good Value Britain" provided by VisitBritain Press Centre.

Bildquellen

16/20 iStockphoto.com/sturti
17 fotolia.com
21 oben: Picture-Alliance GmbH; unten: Shutterstock/Leonard Zhukovsky
74 ullstein bild/CARO/R. Oberhäuser
83 oben: iStockphoto/Damir Khabirov; 2. v. o.: iStockphoto/Giulio Fornasar; 3. v. o.: iStockphoto/Ridofranz; unten: iStockphoto/SanneBerg
84 iStockphoto/mattjeacock
88 Getty Images/Sean Gallup
98 fotolia/micmacpics
101 stock.adobe.com
104 © The British Council, https://learnenglishteens.britishcouncil.org/skills/reading/elementary-a2-reading/online-safety-poster
105 fotolia/moonrun
106 stock.adobe.com/drpsd
107 Picture-Alliance GmbH / dpa / Federico Gambarini
113 stock.adobe.com/©blackday
120 stock.adobe.com
122 Repair Café International Foundation
127 stock.adobe.com/Africa Studio

Illustrationen

Hans-Jürgen Feldhaus, Münster; Matthias Berghahn, Bielefeld (S. 116 unten); Antje Bohnstedt, Bretten (S. 98 o. l.); Heike Heimrich, Berlin (S. 116 oben); Bettina Kumpe, Braunschweig (S. 34, 64, 93, 94, 98 o. r., 98 u. l., 109, 110, 111, 115, 124); Ulf Marckwort, Kassel (S. 116 Mitte) westermann

FiNALE Prüfungstraining

Niedersachsen

Abschluss 10. Klasse
Integrierte Gesamtschule
Englisch · G- und E-Kurs

2022

Lösungen

Lösungsheft zu 978-3-7426-2231-0

TRANSKRIPTE

C Arbeitstechniken für die schriftliche Prüfung
C 1.6 Erste Übungen zum Hörverstehen

Seite 26
Track 1: How will the man travel to New York?
How will you travel to New York, Steve?
Well, at first I wanted to fly but the planes are real expensive.
So, what about going by bus? Buses are cheap.
Yeah, but they're real slow, too.
So, what will you do? Will you take a train?
Yeah, I think that's the best idea. I can get one that leaves at 6 o'clock and arrives at 9.30.
Perfect.

Seite 27
Track 2: What are the two boys going to eat?
Hey Mike, my mom and dad are going out this evening. Do you want to come round? We can eat something and watch a movie.
Great idea. Sure.
I can cook something.
You can cook?
Sure. Why not? It's cool. I can do burgers, spaghetti ...
Listen, Pete, you're a great guy and my best friend, but you – cooking? I'll bring round a take-away pizza, OK?
You don't want to try my Chinese food? It's kind of my specialty.
No, thanks. I'm too young to die.
Well, OK then. I'll get a DVD and you bring the food.
OK.

Seite 28
Track 3: A summer job
Tim: Hi, Ms Sully. Nice to see you again.
Ms Sully: Hello, Tim. How are you?
Tim: I'm fine, thanks. Do you have a minute? I'd like to tell you about my summer job in a camp in the USA.
Ms Sully: Sure, Tim. I have time.
Tim: In the spring I found this homepage for a camp in Pennsylvania. They were looking for European counselors to work there in the summer. I applied and got the job. It started at the beginning of June and lasted for two months until August. You had to work five days a week and had two days off depending on your weekly schedule.
Ms Sully: So what did you do there, Tim?
Tim: I planned and organized different activities for the kids. For example games, movie nights, canoeing, hiking and so on. I really liked working with the children. Some of them had never been in the country before and didn't know what a cow looked like.
Ms Sully: Where did you stay?
Tim: We had our own room in a big house with a lot of bedrooms. All the counselors stayed there.
Ms Sully: And did you get paid?
Tim: Yes, we got $1,000 for the two months. That doesn't sound like a lot of money but they also paid for our flights and gave us a room and free food. But I didn't do it for the money. The experience with the kids was great and I met so many people from all over the world and made new friends.

I want to buy a new computer with the money so that I can write e-mails to all my friends and Skype with them.

Tod[...] on Boxing Day?
Nicola: Nothing really. Uh, eat the leftover turkey, turkey sandwiches, watch TV, and in my family we usually go and watch dog racing, greyhound racing. Yeah, and lose some money ...
Todd: Lose money!
Nicola: Yeah always. I do.
Todd: Wow, cool, dog track. Is there a dog track near your house?
Nicola: Yeah, there is, where I live, yeah.
Todd: Cool. All right, thanks a lot.

Seite 30
Track 5: The Great British Heritage Pass
A vital new aid for visitors is the four-day Great British Heritage Pass from VisitBritain (formerly the British Tourist Authority) which gives unlimited admission to 600 historic houses, castles and gardens for four days for only £22 (or local currency equivalent).
Previously available only in seven-, 15-day and one-month versions – which are still available. Incidentally – the new shorter duration pass makes it ideal for those coming on a short break.
It's a deal so good it's only available to visitors from overseas and will pay for itself very quickly.

Teil D Angeleiteter Test für den G-Kurs

Seite 56
Track 6: Six short recordings
1. This is an announcement for passengers travelling on the 15.25 service to Manchester Airport. Due to a signal fault this train service will be delayed by approximately 20 minutes and is expected to leave at 15.45 from platform 8. We apologise for any inconvenience.

2. Welcome on board this Virgin train service to Manchester Piccadilly. This is James, your on-board chef speaking. We'd like to inform passengers that the restaurant is now open. We offer a wide selection of light snacks, sandwiches, soft drinks, tea and coffee. Our special "meal of the day" is delicious roast chicken breast with rosemary potatoes and salad with a soft drink of your choice for only £ 4.99. You'll find our restaurant car at the front of the train. Thank you for your attention. Enjoy your journey.

3. *(When Daniel comes home from school he finds a message from his mother on the answerphone:)*
Hi. This is mum. It's 2.30 now and I've just heard the weather forecast. There is a storm warning for this afternoon, so I'm a little worried. Danny, please go round the house and make sure that all the windows and doors are shut properly. And if you have to go out, don't even think of using the bike! Best if you stay in, anyway. Dad is working late tonight. He won't be in before 9. But I'll be home around five. See you then. Love you!

4. *(Stacy finds a message from her local department store on her answerphone:)*
Hello, this is a message from Jane at customer service, in the John Lewis department store. We'd just like to inform you that the red toaster you've ordered has arrived and can be collected. You also have an order for a matching red coffee machine. Unfortunately, that hasn't been delivered yet, but I'm sure it will be here in a couple of days. So if you want to collect the toaster now, come to the service desk on the ground floor anytime between 9.30 a.m. and 9 p.m. Thank you. Goodbye.

5. This is an announcement for all our customers. We'd like to inform you of our special promotion sale on the third floor. Find everything for the upcoming summer holidays – swimming costumes, sunglasses, beach towels and much more for the perfect holiday. You can enjoy a fantastic 20% discount on all these holiday products. Don't miss out on many great offers.

6. This is an appeal for your help. We are looking for a missing little boy. His name is Jason. He is 4 years old and his mum lost him in the Fab Shoes Store on the ground floor. Jason is wearing blue trousers, a white T-shirt with the picture of a penguin and a white baseball cap. He is also carrying his favourite toy – a big fluffy rabbit. If you see Jason, please contact the information desk on the ground floor under 0213 444565 or take him there. His mum is waiting.

Seite 58
Track 7: Different People
Speaker 1: Is Fort Wayne a multicultural place?
Victoria: I don't know. There are a lot of Hispanics there and some Asian people, too.
Speaker 1: And what about your school?
Victoria: Well, there are some students from different ethnic groups, mainly from Asia but there aren't very many of them. The vast majority of students at my school are White Americans.
Speaker 1: How come?
Victoria: I guess it's because we are a Christian School. Religion is very important at my school.
Speaker 1: So, are all of your friends White Americans?
Victoria: Yes, they are. I don't really have much contact with people from different cultural backgrounds. There aren't really any in my neighbourhood.
Speaker 1: This seems very unusual. We all think of America as a multicultural country.
Victoria: Well, it is! We are a nation of immigrants! My family originally came from France.
Speaker 1: Is it true that there are Amish people near where you live?
Victoria: Yes, there is quite a big Amish community.
Speaker 1: What do you know about them?
Victoria: Well, they are very simple, humble people. They don't use any electricity and they don't drive cars. They grow most of the food they use by themselves. Also, they don't buy any clothes. They make their own clothes.
Speaker 1: Really? That's incredible!
Victoria: Isn't it? They are very good craftsmen. They even make their own furniture.
Speaker 1: How do they get on at school?
Victoria: They don't go to a normal school. They have their own schools. And they don't go to school for long. They leave school much earlier than we do.
Speaker 1: Why is that?
Victoria: To them, education is not as important as work and religion. They are very religious and hard-working people. They can all make things.
Speaker 1: Do you have a lot of contact with them?
Victoria: No, but we see them around. They keep to themselves. When the German exchange came over last year, we visited an Amish family with the German students. They gave us a meal and after the meal they invited us into their house.
Speaker 1: Wow, that must have been an interesting experience!
Victoria: It was.
Their house, their whole life is very different from ours.
Speaker 1: Would you like to live in an Amish community?
Victoria: No, I couldn't. I would be absolutely useless. I can't make anything by myself. Also, their life is much harder than ours because they still live in a very traditional way.
Speaker 1: Don't you like traditions?
Victoria: Yes, I do but those aren't my traditions. But I like the fact that they value their traditions. Most Americans just want to move on with the times and they forget their traditions but the Amish people wouldn't do this.

Seite 60
Track 8: The Tube
Jackie: Hello, this is Jackie and ...
Richard: Richard from Urban News with "Special Sights in Britain". The London Underground is our topic today. Why? Well, it's 150 years old and – love it or hate it – the Underground is used by millions of Londoners and tourists every day. So Jackie and I would like to tell you the story of how it all began.

Jackie: The Metro. The Subway. Whatever you call it, for Londoners, it's the Tube. – Well, 150 years – that's not bad for an underground, is it?
Richard: Yes, it's amazing. The first part of the London Underground started in 1863. It was the Metropolitan line which opened between Paddington and Farringdon on the 10th of January. The Metropolitan line was the world's first underground railway.
Jackie: In 1863 – when building the underground began – digging huge tunnels under London meant digging them by hand. So, using only hand tools and having no machines – wow, that must have been really hard work!
Richard: Oh yeah! – And when they started the underground in 1863 they used steam trains, right?
[**Jackie:** Yep.]
They had steam trains and carriages made of wood. And the steam trains used real coal fires pushing steam into the air! Steam filled the tunnels and caused breathing difficulties. The sight and smell of steam and smoke was everywhere. And I think they only said goodbye to the last steam train in 1961. It's unbelievable.
Jackie: That's right. – But the Tube has been more than just a transport system, especially during the Second World War – when London was being bombed. During that time people actually slept in the tunnels overnight and there were even beds in there.
Richard: Very true. – And do you also remember the days when smoking was allowed on the underground?
Jackie: Oh yes.
Richard: I'm a non-smoker, so you can imagine that I didn't really like it. I mean today it's amazing to think that you could smoke on the underground.
Jackie: But then smoking was banned after a fire at King's Cross Station in 1987. People couldn't use the station for some time though it is one of the busiest stations on the tube network. And ... well, you know, it has always been especially popular with tourists. Thinking of all these tourists coming to London and travelling on the tube we do have some advice for them, don't we, Richard.
Richard: Yes! First thing of course, you need a map. – Now the London Underground map is fantastically designed. It's easy to read. But it's different from reality, so don't mix it up with a street map.
Jackie: Right. – But perhaps the most important and the most famous advice for tourists is ...
Richard: Mind the gap.
Jackie: Hahaha ... Exactly. But do you know why? Well, the old tunnels followed the streets above. The streets are not straight, they are curved. That's why there is a gap between the trains and the platforms.
Richard: So be careful! Mind the warning!
Jackie/Richard: Mind the gap! – Hahaha.

Seite 61
Track 9: Hip Hop
1. Hip hop is a type of music which started in the 1970s in Black communities in big cities of the United States. Hip hop uses a style of singing called rapping. Rapping is a style of singing in which a singer says words with a rhythm and rhymes. Hip hop songs are often about the life of African-American people in the big cities. Some hip hop song lyrics are about gangs, violence, and drugs. Hip hop music also uses musical styles from pop music such as disco and reggae.

2. Hip hop as a culture involves hip hop music, baggy clothes with Timberland leather work boots, break-dancing and a type of street art which is called graffiti. In the 2000s, hip hop music and hip hop culture are very popular all over the world. Many of the popular hip hop musicians use nicknames such as Snoop Dogg, Jay-Z, and 50-Cent. One of the best known German rappers is Bushido.

3. Hip hop is the way we talk, the way we act, our fashion, our lifestyle, and our people. It's the culture of the streets. Hip hop is NOT a music genre. Rap is something you do, hip hop is something you live. Rap is just a part of hip hop.

4. To me hip hop is dying, or possibly is already dead ... What you hear on MTV or radio is not real hip hop because the songs don't mean anything. You don't see much graffiti art in their videos. These rappers are destroying the meaning of hip hop.

5. It's just not my kind of music or even culture. To me, hip hop culture is pretty violent. There are a lot of gang fights and there is the drugs problem, too. Many people like hip hop because they think it's cool and they want to be cool themselves.

Teil E Angeleiteter Test für den E -Kurs

Seite 76
Track 10: Travel Announcements
Announcement 1: At the station
This is an announcement for passengers travelling on the 15.25 service to Manchester Airport. Due to a signal fault this train service will be delayed by approximately 20 minutes and is expected to leave at 15.45 from platform 8. We apologise for any inconvenience.

Announcement 2: On the train
Welcome on board this Virgin train service to Manchester Piccadilly. This is James, your on-board chef speaking. We'd like to inform passengers that the restaurant is now open. We offer a wide selection of light snacks, sandwiches, soft drinks, tea and coffee. Our special "meal of the day" is delicious roast chicken breast with rosemary potatoes and salad with a soft drink of your choice for only £4.99. You'll find our restaurant car at the front of the train. Thank you for your attention. Enjoy your journey.

Seite 77
Track 11: Radio Ads
Radio Ad 1
Never been to one of the world's greatest rock festivals? Missed out again? No more tickets? Not enough money? – You can be there anyway! Glastonbury Festival is looking for hundreds of volunteers every year. Work as a gate steward, a campsite warden or in the cleaning team. If you have valid medical, paramedic or first aid qualifications you can also join Dr Howard's team of medical

volunteers. For more information go to glastovolunteer.co.uk now.
See you there.

Radio Ad 2
Not again! Construction work! I'm gonna be late!
Always the same – cars – cars – cars. And then I have to spend millions of dollars on gas!
You don't need to face this everyday! Go to rideshare.gov.com and find your carpool buddies today! Save up to 50% of your commuting costs, travel with nice people every day and reduce the traffic on our roads. Join your local rideshare program today!

Radio Ad 3
They've been around for thousands of years. For example knights wore them in King Arthur's times so that their heads didn't get hurt with all the fighting. And today helmets are still used for all kinds of cool stuff. Hockey players, motorcyclists, horseriders, cricket batsmen, skateboarders, breakdancers – they all wear one. So what makes your head so different when you get on your bicycle? Only going for a short ride? Well, even on a short ride you can have a bad fall. So stay safe and protect your head.

Radio Ad 4
1) Oh ... I must have been snoozing for over an hour ...
2) Come on, you've been sitting here and staring into space for the best part of an hour!
3) Uh.. I've been watching this film for over an hour and I still don't know what's going on ...
4) I really wish, I'd taken the train and not the car. I would have been home at least an hour ago ...
How often do you waste an hour? So why don't you give us an hour of your time instead? Call 0800979797 or go to childreninneed.com, sign up and get a green collecting tin for one hour. The money you collect in this one hour will help children all over the world to better healthcare, a better education and a safer, happier life. So don't waste your time, just sign.

Seite 78
Track 12: The summer holidays
Student: Stuck at home over the summer holidays while your friends have gone away? Don't panic – you can still have a fun time yourself. Here are some of my friends with their ideas of what to do in the summer holidays.
David: I'm David. Why not start your first garden? You might think gardening is just for old people, but actually it's perfect for teens. It lowers your stress levels and gives you something to be proud of when everything else in your life is going crazy. And you'll enjoy the nice weather at the moment. Talk to your parents about choosing a small bit of the garden for your use.
Tina: Hi, I'm Tina. It's definitely a bit girly, but I like having a health and beauty day. Get out the candle, put on some relaxing music and start off with a luxurious bath. You'll feel totally relaxed afterwards. Oh yeah, don't forget to tell your younger brother to go out on that day.
Michael: My name is Michael. What about waking up late and having a brunch with one or two close friends? Brunch, you know, that mixture between breakfast and lunch. Don't spend all your cash in in a restaurant. It's cheaper at home. Do it yourself. Try out these recipes: pancake banana splits and cheesy French toast with ham. You will have a great time with your friends.
Becky: My name is Becky. I do yoga and I really love it. I can hear you say: "Oh no, not yoga", but you will change your mind once you get in the mood. It's good for your body and great for reducing stress. All you need are some comfortable clothes and a quiet place. With a "Yoga for Beginners" DVD, you'll feel like a new person.
Tom: My name is Tom and last year I did some volunteer work outside. There are loads of reasons for doing some. You'll meet new people, get into great shape and get a great suntan. It might even give you an idea of what you want to do later on in life.
Karen: My name's Karen. Why not give your bedroom a now look? It's a big project, but once you get started, it's enjoyable. Take a look around your bedroom and make some changes that will make you happy. You can start by painting the walls in a different colour or by moving some furniture.
Student: As you can see, there is no reason to be depressed just because you are not going on holiday. There's loads to do, and most of it doesn't cost a lot.

Seite 79
Track 13: World Animal Day/Going Veggie?
Presenter: Good morning everybody here on Radio 4. Today is October the 4th – and this happens to be World Animal Day. So on today's show we'd like to have a fresh talk on the old topic: "Eating animals – yes or no?" And with me are Amber, Dylan and Connor – three students from the local community college. Let's go straight into the talk – are any of you vegetarian?
Amber: Yes – I am.
Presenter: And what about you two?
Connor: No, no ... I'm not.
Dylan: And me neither, really ...
Presenter: Amber, you're the only vegetarian here ... so when did you stop eating meat?
Amber: Well, I think I was about seven. My uncle has this farm in Suffolk and I stayed there in the holidays. Being with all those animals, playing with them, seeing them as friends almost ... and then eating them. I couldn't. So I just stopped eating meat.
Presenter: What about your parents? Weren't they shocked? How did they cope with you going vegetarian?
Amber: That wasn't much of a problem or a change. My mum had always been into healthy eating, so we didn't eat meat very often before either.
Connor: So your parents just let you be a vegetarian?
Amber: Yes, they did. My mum even gave up eating meat with me.
Connor: That's crazy. Meat is good for you! And at 7 you are still growing. Your body needs all the vitamins and protein from the meat.
Dylan: Well, actually there are other foods that provide all this ...
Connor: But let's face it. Human beings are meat eaters, aren't they? I love my steak and my burger ... wouldn't want to be without them. Hhmm ... just the taste ... and

the texture ... It's so much better than eating potatoes or salad ...
Amber: Oh! That's boring, Connor! There is much more to a vegetarian diet than potatoes and salad ... Anyway ... have you ever seen how these animals are kept in huge factory farms? And how they get killed? It's worse than any horror movie! That can't be right!
Connor: But that's the way it works. Animals kill and eat each other in the wild, too. So it's quite natural.
Dylan: Actually it isn't, Connor. I have to agree with Amber here. I watched a documentary about turkey farms. It was awful. The turkeys there aren't free, they can't walk, they can't even reproduce! All they are supposed to do is grow fat fast! There's nothing natural about that!
Connor: You are talking like a vegetarian now, Dylan. Didn't you say you eat meat?
Dylan: I do. But I try to avoid factory farmed or mass produced meat. Nowadays you do have the choice in most supermarkets and, of course, if you go to your local butcher, you can get meat that was produced organically, on smaller family farms. That's what my family do.
Connor: But the animals still die ... and meat like this is a lot more expensive.
Dylan: Not that much more. And eating less meat is healthier anyway. Most studies say that you shouldn't eat meat more often than once or twice a week.
Amber: That's true. But it's even healthier to give it up completely. You reduce your risk of obesity and heart problems massively. And – as I said – I feel a lot better, I couldn't enjoy meat knowing that those animals were tortured, treated unethically or killed – only so that I could eat them! It's absolutely not necessary, really.
Dylan: Well, Amber, I think it is not all black and white. I think there's a middle way. People don't need to give up meat completely. They just have to show more interest in how their meat was produced and then make an informed decision when they buy meat.
Connor (cuts in): I'm not sure my mum has got the time to do a whole research project before she buys our steaks!
Amber: Connor! Come on! Be serious! It's not that difficult. You just read the label or ask and anyway ...
Presenter: Hang on a minute, Amber. Before you can make your point, it's time for a short break. So thank you so far ...

Original-Prüfung 2020 – Transkripte

G-Kurs

Seite 93
Track 14

I. Listening

This is the Listening Part of the Final Examination 2020 levels A2 and A2+ for schools in Lower Saxony. There are four parts to the test. You will hear each part twice. For each part of the test, there will be time for you to look through the questions and time for you to check the answers. Write your answers on the paper. You must not speak during the test.

Part 1
Now look at part 1. There are six questions in this part. You will hear six short conversations. You will hear each conversation twice. For each question there are three pictures and a short recording. Choose the correct picture and put a tick in the box below it.

Before we start, here is an example:

0. Which tickets do they buy?
A: While we're on the internet, let's check which concert tickets we can get for Tim's birthday.
B: Oh, look here! Eminem's coming to town! His new album is fantastic and the tickets aren't too expensive!
A: Oh no, it's sold out already! But Taylor Swift is on tour, too.
B: It's only you who likes her! Tim and I can't stand her. Tim prefers Hip Hop.
A: What's this? Cro – Hip Hop from Germany. That sounds interesting!
B: I've heard about him! So let's check it out.

The third picture is correct, so there is a tick in box C. Now look at the three pictures for question 1.

Now we are ready to start. Listen carefully. You will hear each recording twice.

1. School announcements. When does the drama group meet?
Good morning students. The drama group would like to remind you that their new play "Romeo and Juliet" will start at 5 p.m. today. There are still tickets available. The drama group meets in the assembly hall but not at 3.30. The new meeting time is 4 p.m. The Spanish Club will not take place today because ...

Now listen again.

2. Chores. Who is going to do the dishes?
A: That was yummy. So, who is going to do the dishes today?
B: Not me. I cooked, so I'm out.
C: And I did the shopping. So daddy, you know who it is.
A: OK, you win.

Now listen again.

3. Which room does the guest choose?
A: Well, here is your key. The room number is 105.
B: Thank you. Oh, umm, it has two separate beds, doesn't it?
A: Oh, no, I'm afraid it hasn't. It has a double bed. Let's see. I could give you room 306 instead which is very small but has two beds. Or room 510 on the 5th floor, but I have to warn you – our elevator is currently out of order.
B: Well, I think the room with the double bed is fine then.

Now listen again.

4. How does Kevin get to his job interview?
A: Today is your job interview, right? How are you going to get there?
B: I think I'll take the tram. It's cheapest.
A: Haven't you heard – there are still no trams today because of the construction work at the station.
B: Oh, no. Can you give me a lift?
A: Darling, I've got jobs to do. Take your bike.
B: Mum, I don't want to arrive there all sweaty.
A: OK then, I can drop you off at the city centre.

Now listen again.

5. Where do the tourists go first?
A: So, how should we start the day today?
B: I'd love to go for a ride on the London Eye.
A: Great idea, but I want to do that later in the day to watch the sun set. How about Tower Bridge or Buckingham Palace?
B: All right, let's head for Tower Bridge and then on our way to the palace we can take the boat.

Now listen again.

6. What's the weather like today?
Welcome to the weather forecast. Let's see what the weather will be like today. In the morning, it's going to be sunny with a temperature of six degrees. Around midday, it will be cloudy but temperatures will rise to fifteen degrees. In the evening, rain is expected. Don't forget your umbrella. Temperatures will drop to eight degrees.

Now listen again.

This is the end of part 1.

Seite 95
Track 15: Part 2

Now turn to part 2, questions 7–12.

Listen to the following conversation between Kevin and Sandy. Kevin is applying for a job at Sandy's fashion store. For questions 7–12 tick the correct box A, B or C. The first question is an example.

You now have 30 seconds to look at part 2.

Now we are ready to start. Listen carefully. You will hear the recording twice.

Sandy: Good morning, I'm Sandy Burns, Mr Grant?
Kevin: Yes, I'm Kevin Grant. Good morning, how are you?
Sandy: Fine, thanks. Well, let's start the interview. Firstly I'd like to know, how did you find out about the job? On the Internet?
Kevin: Well, I went to a job fair with a friend of mine and came across your stall. It looked really interesting.
Sandy: I see. So, what caught your interest?
Kevin: Actually, I love coming here to shop for clothes. And I usually buy something because you offer such great quality at good prices. And I find your advertising very attractive, especially for young people like me. Also, the people I talked to at the fair had good things to say about the working conditions.
Sandy: That's true, of course. Why do you think you would be a good shop assistant?
Kevin: Well, friends tell me that I'm very communicative and I enjoy working in a team. I need people around me and then I'm really motivated.
Sandy: And do you have any weaknesses?
Kevin: I think I might be a little bit too honest. I would never tell people to buy things that don't look nice on them. I would want the customers to be happy with what they buy. If they regret it, they'd probably not come back.
Sandy: Fair enough. What about your fashion sense? Let's say I was your customer. What would you recommend me to wear in a job interview?
Kevin: Of course that would depend on what you apply for. But smart casual probably works in most cases. Dark blue jeans, a white blouse combined with a plain blazer would look nice. No trainers but low-heeled shoes, nothing too fancy.
Sandy: OK, thank you. In your CV you say that after school you spent some time travelling and working abroad. Where did you go and what did you do?
Kevin: I was in Central America, mostly in Costa Rica. I worked for a fair trade organization for around two months. I sold coffee and traditional clothes to tourists near to one of the national parks. It was great fun.
Sandy: So, you speak Spanish fluently?
Kevin: Not really but I learnt enough to get by and talk to customers in the shop. At school, I learned French, but I can't really speak it too well. But my mother is Polish and raised me bilingually. That's why I'm fairly fluent.
Sandy: Brilliant. Now, do you have any questions for me?
Kevin: I couldn't find any information about the pay. How much would I earn?
Sandy: Well, in your first three months, you'd earn £6 per hour during the week. After that, you'd get a raise every year of around £1. The current maximum is £10 an hour on weekdays, and we'd expect you to work 42 hours per week. All right Mr Grant, if you have no further questions, I'd like to thank you for coming, and we will call you soon and let you know our decision.
Sandy: Thank you and I hope to see you soon.

Now listen again.

This is the end of part 2.

Seite 96
Track 16: Part 3

Now turn to part 3, questions 13–18. Listen to this radio ad for a writing competition. For questions 13–18 fill in the gaps to complete the notes. The first question is an example. You now have 30 seconds to look at part 3.

Now we are ready to start. Listen carefully. You will hear the recording twice.

We at the Out of Doors club love the countryside and we want young people to love it too. That's why once again we are holding a writing competition. Last year we asked children to write about their favourite animal from the British countryside. This year the subject is different. We want you to write about your favourite place in Britain. It could be a playground, an outdoor gym, a forest, a park or a hill, but it must be outdoors. You can't write about your bedroom. You must write between 250 and 500 words. Last year, you had to be younger than thirteen years old, but we decided to change it this year. So, if you're between the ages of nine and sixteen, start writing. The best texts will appear in our Out of Doors magazine. The winners will also get a free family trip to the adventure park in Derby. If you want to enter, please send your entry by email to story@outdoors.uk. That's story@outdoors.uk. Be sure to make a note to the final date. Your entry must arrive by the 23rd of July, 2020. We look forward to reading your entries.

Now listen to part 3 again.

This is the end of part 3.

Seite 97
Track 17: Part 4

Now turn to part 4, questions 19–25.

You will hear an interview with Leyla Skovekolá. She talks about different ways of learning a language. For questions 19–25 decide whether each sentence is true or false. Put a tick in the correct box "true" or "false". The first question is an example.

You now have 30 seconds to look at part 4.

Now we are ready to start. Listen carefully. You will hear the recording twice.

Steven: Good morning listeners, and a good morning to Leyla Skovekolá. She's a polyglot, and she's now going to tell us what that is.
Leyla: Good morning Steven, thanks for having me on the show today. Well, a polyglot is someone who speaks and learns a lot of foreign languages.
Steven: I have to say, I don't speak any foreign languages, although I had to take French classes at school. What languages do you speak and how come you managed to learn them?
Leyla: I'm a native speaker of Croatian, and well, obviously I speak English. I had it at school but that's not where I actually learned it. I learned it on my own, with my own methods. That's the way I also learned Spanish, French, German, Arabic, Japanese, Mandarin and Russian.
Steven: That's impressive. What do you mean "by your own methods"? Are schools using the wrong ones?
Leyla: It's hard to say if they are wrong but personally I was bored with the textbooks. My favourite book was Harry Potter, so I started to read it in English. At the beginning I hardly understood anything but I kept on reading and by the end of the book I understood most of the story.
Steven: So, you're saying you should read what you're interested in. Hmm, I'm not a big reader. What else could I try to learn a new language? Memorize lists of words?
Leyla: If you try to memorize a list of words, for example for a test on the following day, you'll forget them after a few days. If you want to remember words for longer, you need to use them again and again.
Steven: Have you got any tips on how to do that?
Leyla: Talk to other people to actually use the words. And if you have no one to talk to, talk to yourself. Find something on YouTube that you are interested in or watch a series. Of course you won't understand everything right away, but after a while you will see you are getting better.
Steven: That sounds useful but I'm afraid I simply don't have the time to learn a new language.
Leyla: Well, people think they are too busy and don't really have the time to learn languages but you can fit it into your daily routine. What about listening to a podcast on your way to work or while you are doing your housework?
Steven: Leyla, thank you very much. That was truly inspiring. And on our show tomorrow we're talking to Kevin, an adventurer, who spent several months working in Costa Rica. Tune in.

Now listen to part 4 again.

This is the end of the listening part.

Good luck for the rest of your examination.

Original-Prüfung 2020 – Transkripte

E-Kurs

Seite 110
Track 18
I. Listening

This is the Listening Part of the Final Examination 2020 Level B1 for schools in Lower Saxony. There are four parts to the test. You will hear each recording twice. For each part of the test there will be time for you to look through the questions. You must not speak during the test.

Part 1 Questions 1 – 5
Now look at part 1, questions 1–5. Listen to five short recordings. For each recording there is a question with three pictures. Choose the correct picture and put a tick in the box A, B or C below it. Before we start, here is an example:

0. What is the man going to buy?
I'm going shopping now. Anything else we need for our holiday?
The sunscreen from our last trip should still work. I haven't got any sunglasses but I can borrow some of yours, can't I? Maybe something to kill the time at the airport.
Yes, that's a good idea. I'll stop by the newsagent.

The picture with the magazine is correct. So there is a tick in box C.

Look at the three pictures for question 1 now.

Now we are ready to start. Listen carefully. You will hear each recording twice.

1. When does the drama group meet?
Good morning students. The drama group would like to remind you that their new play "Romeo and Juliet" will premier today at five. There are still tickets available. The drama group gathers in the assembly hall at four instead of 3.30 as initially planned. The Spanish Club will not take place today because ...

Now listen again.

2. Who is going to do the dishes?
That was yummy. So, who is going to do the washing-up today?
Not me. I have cooked, so I'm out.
And I have done the shopping. So, dad, you know who it is.
OK, you won.

Now listen again.

3. Which room does the guest get?
Well, here is your key. Your room number is 105.
Thank you. Oh, it is a double bed, right?
Oh, I'm afraid it isn't. Let's see. I could give you room 306 instead which is a very small one or 510 on the 5th floor but I have to warn you – our elevator is currently out of order.
Well, I think separate beds are fine then.

Now listen again.

4. How does Kevin get to his job interview?
Today is your job interview, right? How are you gonna get there?
I think I'll take the tram. It's the cheapest.
Haven't you heard – trams still don't operate because of the construction at the station.
Oh, no. Can you give me a ride?
Honey, I've got errands to run. Take your bike.
Mom, I don't want to arrive there being all sweaty.
OK then, I can go to the city centre first anyway.

Now listen again.

5. Where do the tourists go first?
So, how should we start the day today?
I'd love to go for a ride on the London Eye today.
Great idea, but I kind of want to do that to watch the sun set. How about starting with St. Paul's Cathedral or Buckingham Palace?
All right, let's head for the palace and make a stop at the cathedral on our way there.

Now listen again.

This is the end of part 1.

Seite 112
Track 19: Part 2

Now turn to part 2, questions 6–12.

A Job Interview
Listen to Kevin being interviewed for a job at a clothes shop. For each question tick the correct box a, b or c. The first question is an example.

Now you have 30 seconds to look at part 2.

Now we are ready to start. Listen carefully. You will hear the recording twice.

Good morning, I'm Sandy Burns, Mr Grant?
Yes, I'm Kevin Grant. Good morning, how are you?
I'm excellent, thanks. First of all, I'd like to know, how did you hear about the job? On the Internet?
Well, I went to a job fair with a friend of mine and came across your stand. It looked really interesting.
I see. So, what caught your interest in our shop?
Actually, I love coming here to shop for clothes myself. And I usually buy something because you offer such great quality at good prices and I find your advertising very attractive especially for young people like me. Also, the people I talked to at the fair only said good things about the working conditions.
That's true of course. So, why would you be a good shop assistant, and do you have any weaknesses?
I've got to say I don't like working on my own. I need people around me and then I'm really motivated. Friends tell me that I am very persuasive and think that I could sell them anything but I think I might be a little bit too honest

for that. I could never trick anyone into buying something. I would want the people to be happy with what they buy and not regret it because if they aren't happy, they probably won't come back.
Fair enough. What about your sense of fashion? Let's say I was your customer. What kind of outfit would you recommend for a job interview?
Of course that would depend on what you apply for but a smart casual outfit probably works in most cases. Navy blue denim trousers, a white blouse combined with a plain blazer would look nice, maybe no trainers. Rather simple, low-heeled shoes. Nothing too fancy.
OK, thank you. In your CV you say that after school you spent some time travelling and working abroad. Where did you go and what did you do?
I was in Central America, mostly in Costa Rica. I worked for a fair trade organization there for around two months. I sold coffee and traditional clothes to tourists close to one of the national parks. It was great fun.
So, do you speak Spanish or any other foreign languages?
Yeah, I learned enough Spanish to get by and talk to customers in the shop. At school, I had French but I can't really speak it too well. But my mother is Polish and raised me bilingually. That's why I'm fairly fluent in that language.
Brilliant. Now, do you have any questions for me?
I couldn't find any information about the pay. What could I expect?
Well, during your probation period which is three months you'd earn £6 per hour during the week and £8 at the weekend. After your probation, you'd get a raise every year of around £1. The current limit is £10 an hour on weekdays, and we'd expect you to work 42 hours per week. All right Mr Grant, if you have no further questions, I'd like to thank you for coming, and we will call you shortly and let you know about our choice.
Thank you. I hope to see you soon.

Now listen again.

This is the end of part 2.

Seite 113
Track 20: Part 3

Now turn to part 3, questions 13–18.

Phone repair
The display of your smartphone is broken. You call the hot line of a repair shop to find out about their services. Listen to the recorded message and fill in the missing information. The first question is an example.

You have 20 seconds to look at part 3.

Now we are ready to start. Listen carefully. You will hear the recording twice.

You have reached the Phone Hospital. Unfortunately, you are calling out of office hours. Our shop is open from 8 to 6 on weekdays and from 10 to 3 on Saturdays. During these hours you can also reach us by phone. If you're calling for general information, we hope to be able to answer your questions with this announcement. The Phone Hospital is now located in the Metro Shopping Center. We have closed our shop in Winchester Street. We offer several services including battery and screen replacements. Before starting the service operation we perform a thorough check-up procedure with your device and then make a transparent offer for you without any hidden costs. Screen repairs range from $25 to $149 depending on your model. If you need the battery to be replaced, you can expect prices ranging from $29 to $79. In most cases you can pick up your repaired phone within a short period of time. We repair 99% of the phones we receive within a day. The repair may take up to 48 hours if the needed parts are not in stock. All repairs are carried out by our expert technicians. We only use certified high-quality parts for replacement. All our repairs come with a 12-month warranty, so you have nothing to worry about. If you don't live nearby, you can use our pick-up and delivery service starting at $19 depending on where you live. For any further questions please contact us during our office hours. Thank you for calling.

Now listen again.

This is the end of part 3.

Seite 114
Track 21: Part 4

Now turn to part 4, questions 19–24.

Polyglot
You will hear a radio interview with Leyla Skovekolá who speaks many different languages. Decide whether each statement is true or false. Put a tick in the correct box "true" or "false".
The first question is an example.

You now have 30 seconds to look at part 4.

Now we are ready to start. Listen carefully. You will hear the recording twice.

Good morning listeners, and a good morning to Leyla Skovekolá. She's a polyglot, and what that is she's going to tell us now.
Good morning Steven, thanks for having me on the show today. Well, a polyglot is someone who speaks and learns many foreign languages.
I've got to say, I don't speak any foreign languages although I took French at school. What languages do you speak and how did you manage to learn them successfully?
I'm a native speaker of Croatian and well, obviously I do speak English which I had at school but that's not where I actually learned it. I learned it outside of school on my own with my own methods. That's the way I also acquired Spanish, French, German, Arabic, Japanese, Mandarin and Russian.
That's impressive. What do you mean "by your own methods"? Are schools using the wrong ones?

It's hard to say if they are wrong but personally I've always been bored with the textbooks. My favourite book was Harry Potter, so I started to read it in English. At the beginning I hardly understood anything but I kept on reading and by the end of the book I was able to follow it with hardly any problems.
So you're saying: Read what you're interested in. I'm not a big reader. What should I try to learn a new language? Memorize lists of words?
If you try to memorize a list of words for example for a test on the following day, the words will be stored in your short-term memory and you'll forget them after a few days. To learn a language however you want to keep words long-term, so you need to revise them in the course of a few days repeatedly, talk to other people and actually use the words. And if you have no one to talk to, talk to yourself. Also surround yourself with the language you want to learn. Find content on YouTube that you are interested in or watch a series. Of course, you will not understand everything right away but be a little bit patient, you will see the success and noticing that success motivates me and you to continue learning.
That sounds useful but I'm afraid I simply don't have the time to learn a new language.
Yes, we're all very busy and no one really has the time to learn languages today but if we just plan ahead a little bit we can create that time. Listen to a podcast on your way to work while driving or while you're doing your household chores. In fact, doing chores is suddenly fun and the time flies by.
Leyla, thank you very much. That was truly inspiring. I also think that some language teachers can learn from that.
And on our show tomorrow we're talking to Kevin, an adventurer, who spent several months working in Costa Rica. Tune in.

Now listen again.

This is the end of the listening part.
Good luck for the rest of your examination.

LÖSUNGEN

B Die mündliche Prüfung
B 2 Die mündliche Prüfung für den G-Kurs

B 2.2 Tipps, Strategien und Übungen zur Vorbereitung

Seite 12
Part 1
Übung a)
mögliche Lösungen bei den Mindmaps:
My family: mum, dad, sister, brother, half-sister, step-brother, live in a flat/apartment, balcony, garden, big/small family, pets: dog, cat, rabbit, fish, activities we do together: eat dinner, watch TV
In my free time: spend time with friends: listen to music, go shopping, play soccer, play computer games, go out to parties, alone: read, play sport, talk on the phone, chat online, listen to music, go horse-riding, work, study for school
School: subjects I like/don't like: science, maths, English, history, PE/sport, music, art, home economics, woodwork, school starts at 8 a.m., ends at one/three o'clock, seven lessons a day, future plans after school: study, do an apprenticeship, work, big/small school, pretty/ugly school

Übung b)
a) 5.
b) 1.
c) 2.
d) 1.
e) 3.
f) 4.
g) 4.
h) 3.

Seite 13
Übung c)
Lösungsvorschläge:
What do you like to do in your free time?
I usually spend my free time with my friends. We live in the same town and so we see each other a lot after school. My best friend doesn't go to the same school as me, but we see each other every day. Sometimes he comes to my house and we play computer games or listen to music. Sometimes I go to his house and we play football in his big garden or play on his PlayStation. I play handball in a team and have practice every Tuesday. We have matches every Saturday. My team is really good and we win a lot of games. I like to keep fit, so I go running every day. I have a dog and sometimes I take him with me. My mum always tells me to clean my room when I have free time, but I never do that! I like my room the way it is.

How do you usually spend your school holidays?
I love school holidays, especially the summer holidays. Normally my family and me (that's my mum and dad, my brother, my younger sister and me) all go on a trip together. We usually choose some warm place where we can go swimming during the day and have barbeques outside at night. My favourite place to go on holiday is Italy. We have been there three times so far and it was always so

good. The first time we did a lot of driving and saw a lot of different towns. The next time we went to one of the islands. It was so beautiful there! We often went swimming when the weather was hot or we went shopping in the town or got ice cream. At night, we made some traditional Italian food at the holiday apartment where we were staying or went out for pizza. You get the best pizza in Italy! It's so delicious. If I lived in Italy, I would eat pizza every day. I think this year we are planning to go somewhere different, but my parents don't know where yet. I hope I can ask my best friend to come with us this year – I won't see her every day anymore once school ends! That would be really nice.

Can you describe a typical school day?
I go to school in Hanover, so I need to take the train to get to school. It takes about twenty minutes. School starts at eight o'clock, so I have to get the train at 7:20. I get up at six thirty every morning. I have breakfast and get ready for school. In the warmer months I get up at six and take the dog for a walk. That's really nice. I am in the tenth class and have most of my lessons with the same students. There are twenty-five people in my class and most of them are boys. In the break we usually go outside and play football, or we stay inside and play games on our mobile phones. I think my favourite subject is maths. We have a really good teacher and she makes it easy for us to learn. I don't like German or English – we have to write a lot and I don't like writing. Friday is the best school day because we finish school at one o'clock. Every other day we finish at three o'clock. My longest school day is Tuesday when I have photography club. It's an extra-curricular activity that I do. At my school there are many different clubs you can join. They are after school but are a lot of fun. Last year I was in the Japanese club.

What do you want to do when you finish school?
At the moment I am in the tenth class at the comprehensive school in Achim. We are writing our final exams in May, and then at the end of June I will finish school. It's a scary time! But I'm happy that school will soon be over. I am not sure what kind of job I want, but for the moment I've decided to do a traineeship in an office. My traineeship will take two years and after that, I can get a job anywhere as an office clerk. I'm looking forward to it, although I don't really know what to expect. I know that I will have school two days a week and will work in the office for the rest of the week. I'll be working in a car dealership. I don't know very much about cars, but the company is close to home, and so I took the traineeship there so I wouldn't have to travel far. I've visited the company twice, and it seems like a nice place to work. When the weather is good, I'll be able to walk to work. That's pretty good! I'm a little nervous about starting, but I am also excited because it's something new. I don't know anyone there yet, but I know there will be one more trainee who will also start at the same time as me. I hope he or she is nice and we can help each other when we need it!

Tell me about where you live.
I live in Bremen. It is a small city in the north of Germany. I like living there because there are a lot of things you can do. In my free time I like to go shopping with my friends and there are some good shops in the main street. Sometimes we want to visit other shops that they don't have in the main street, but that is okay too. Bremen has trams and so we just get on a tram and ride to the big shopping mall. It takes about twenty minutes from the city centre, so that's not too far. There is also a cinema there, so my friends and I often watch a movie together when we go there. When I am at home I like to sit in our garden – if it's warm enough. We live in a very green part of Bremen. It's beautiful. There is a big park nearby where you can ride your bike, go for walks or just hang out with friends. We often take some music, a blanket, a football or some frisbees and just have fun there in the summer. It's great!

Seite 14
Part 2
Übung a)
1. When does it start?
2. Who is the summer camp for?
3. How can we get there?
4. What activities can we do there?
5. Where is the summer camp?
6. What is the name of the (new) restaurant?
7. What are the opening times? / When does it open and close?
8. How much do the meals cost? How much are the meals?
9. Are there any tables outside? / Can you sit outside?
10. Can you order take-away?

Übung b)
(Du musst nur fünf Fragen und Antworten formulieren.)
Q: What is the event?
A: It's a fairtrade fortnight. They will be selling chocolate coated fruit and nuts.
Q: When is it/the fairtrade fortnight?
A: It's from April 5th to 18th.
Q: What are they selling?
A: You can buy half a banana or half an apple dipped in chocolate, or pineapple slices dipped in chocolate. They also sell chocolate coated nuts and hot chocolate with oat milk.
Q: How much does a chocolate (coated) banana cost? How much is a hot chocolate? How much is a bag of nuts?
A: A chocolate coated banana costs $1, a small hot chocolate costs $1.50, and a large one costs $2. A bag of nuts is $2.50.
Q: Where are they selling it? Where can I buy some chocolate coated fruit or nuts?
A: They will be in the school canteen and the school foyer.
Q: Why are they doing it?
A: They are doing it to raise money for the local soup kitchen. It's for money to feed the homeless.

Seite 16
Part 3
Übung a)
there are, looks like, in the background, signs, carrying, going on a trip, summer, left, in the middle, wearing, I think, because, with my friends

Seite 17
Übung b)
Lösungsvorschlag:
In the picture I can see two young people - a girl and a boy. They are outside and sitting on the ground, so it could be summer. I think they might be in a city or small town. They could be in a skate park because they both have skateboards. The girl is holding up her phone and it looks like she is taking a selfie of herself and her friend. They look happy so they probably have school holidays! I have a mobile phone and I use it every day. Mostly I use WhatsApp to text my friends. I also take lots of pictures of my friends with my phone. I really can't imagine my life without my phone. One time I left my phone at home and it was terrible! I was at school, so I had my friends around, but I still felt I was missing out on something. I always wanted to take my phone out to check for messages but I couldn't because it was at home! I think one disadvantage of having a mobile phone is that you don't always talk to people who are in front of you because you are busy with your phone. Also, when it's time for homework or studying, it's really hard to concentrate because there are always messages coming in. I turn my phone on silent when I have something important to do for school. My phone bill is not too expensive. My parents found a good plan so I get free calls and lots of Internet. My parents pay for my phone bill at the moment but they said that when I finish school and have a job I'll have to pay for it myself.

B 3 Die mündliche Prüfung für den E-Kurs

B 3.2 Tipps, Strategien und Übungen zur Vorbereitung

Seite 18
Part 1
Übung a)
mögliche Lösungen bei den Mindmaps:
My family: mum, dad, sister, brother, half-sister, step brother, live in a flat/apartment, balcony, garden, big/small family, pets: dog, cat, rabbit, fish, activities we do together: eat dinner, watch TV
In my free time: spend time with friends: listen to music, go shopping, play soccer, play computer games, go out to parties, alone: read, play sport, talk on the phone, chat online, listen to music, go horse-riding, work, study for school
School: subjects I like/don't like: science, maths, English, history, PE/sport, music, art, home economics, wood work, school starts at 8 a.m., ends at one/three o'clock, seven lessons a day, future plans after school: study, get an apprenticeship, work, big/small school, pretty/ugly school

Übung b)
Q: Hello, how are you today?
I'm fine, thank you.
Q: What's your name?
My name is Sarah.
Q: How do you spell your first/last name?
That's S-A-R-A-H. My last name is Smith. That's S-M-I-T-H.
Q: How old are you?
I'm sixteen.
Q: Where do you live?
I live in Bremen, which I think is a great place to live. It is very green and there are regular buses and trams to the main train station which makes it easy to get around without a driver's licence. There is a huge city park behind the train station where I like to hang out in summer when the weather is good. In summer I'm there a lot with my friends. We usually grab something to eat from the station and eat it in the park while we listen to music. Otherwise, we go to the movies. It's a bit expensive, but there are three big cinemas in Bremen and some smaller ones, so we like to see the latest blockbusters. Bremen has lots to do, so I like living there.
Q: Do you have any brothers or sisters?
No, I'm an only child.
Q: Do you have any pets?
Yes, I have two cats. Their names are Whiskers and Jumpy. Whiskers is a little lazy and very shy, and Jumpy is the opposite. She's always running around (that's why her name suits her) and trying to catch the birds in the garden. Last week she left a mouse by our door. That wasn't the nicest thing to see ...
Q: Do you have any favourite subjects?
No, not really, but I like art class because you can be creative. I prefer our after-school clubs actually. I'm in the photography club, which runs every Wednesday. There aren't that many students in the club, so we can really get a lot of help from our photography teacher. We're working on individual projects at the moment and I love it!
Q: Tell me about what you do in your free time.
I like to read and write fantasy stories. I want to be a writer. It's not easy being a good writer, but I read a lot of blogs written by famous writers or people like me and so I collect tips from them. I would say my favourite writer is Isobelle Carmody. She's an Australian writer and I think her writing is excellent.
Q: Can you tell me something about your hobbies?
I don't have a lot of time for hobbies. Schoolwork keeps me busy. I like to play computer games or play Mario Kart on my Nintendo Switch. I used to do Kung Fu, but I stopped two years ago. Before that I played football with some friends in a team, but I stopped when I started high school.
Q: What are you going to do after you leave school?
I am going to a vocational college to learn to be a cook. I've wanted to be a cook since I was seven. I'm quite good at it too. Well, that's what my mum says, but she can't cook all that well actually! I know it's a hard job. The hours aren't very good – you usually work in the evenings when others are at home or on the weekends when others are relaxing or seeing friends, but I still want to try it. I think

you can get used to the hours, especially if you love what you do.

Seite 20
Part 2
Übung a)
Lösungsvorschlag:
In the picture there are three girls. It looks like they are at a train station because in the background I can see some signs and a few information boards. The girls are smiling and look happy. You can see they are friends. I would say they are going camping or going on a trip because they are carrying heavy backpacks and the girl in the middle of the picture and the girl on the left have camping mats. It must be summer because they are wearing summer clothes and accessories like hats, sunglasses, t-shirts and shorts. I'd say they have probably just finished school and are on summer holidays. In my summer holidays, I like to stay home and definitely don't like to go camping. I am very much an indoors type of person. Summer is just too hot for me as well, so I like to stay inside, or at least do things where I am inside, like shopping in a shopping centre.

Seite 21
Übung b)
Lösungsvorschlag:
In the picture I can see a lot of people sitting at tables and eating and drinking. It looks like they are in a fast food restaurant like McDonald's. I don't think they all know each other. It looks very full and I can imagine it is noisy there as everyone seems to be either talking or eating. I think it might be winter time because in the background there are a few young people standing and sitting on the window sill wearing thick jackets and one has a woolly hat on. I love fast food although I know it isn't very good for you and is pretty unhealthy. I go to McDonald's once a month, but I go to Subway once a week. I think the food at Subway is healthier than the food at McDonald's. I like fast food because it is so fast! When I finish school at one o'clock, I'm always so hungry and so it's really easy to just order a burger or a sub on my way home. Apart from eating fast food, I think I have a relatively healthy diet. My mum makes me eat a salad with dinner at the weekends and I eat apples and bananas in my breaks at school. Mum and dad are busy during the week so we don't eat together often. But at the weekends we always eat lunch together. That's tradition. My mum and dad both cook and usually we have some meat with potatoes and other vegetables. And of course a salad. It's nice to eat together. Some of my friends never eat with their families. Sometimes when I'm at their place we just get a pizza from the freezer and put it in the oven and that's dinner. I do that sometimes at home too, but usually mum cooks something for us.

Übung c)
Lösungsvorschlag:
In this picture I can see two people playing tennis in a large stadium. There is a tennis court in the middle of the picture and the players are surrounded by lots of spectators who are sitting and watching them. I think these players must be popular professional players, because this looks like a big competition. It could be an important game, but not all of the seats are full, so I don't think it's the final match or anything like that. In the background I see a large screen and on the left-hand side of the picture I think I can see the words US Open. I don't know much about tennis, but I know that this is a very popular and important tennis tournament like the Australian Open or Wimbledon.
I don't really play much sport, but I like to watch it. I prefer to watch football, or soccer, and my favourite team is Werder Bremen. I have a big green and white flag hanging in my room – I've had it since I was seven. They're not doing very well at the moment, so I hope they start playing better soon! I used to play football when I was younger, but I stopped and don't play anymore. Sometimes I miss it, but now I just usually spend time playing football on my PlayStation 5. My friend Paul often comes to my house after school to play together. He's pretty good, so it's hard to beat him. It's fun, but it doesn't make me very fit! My dad tries to make me go running with him, but I'm too lazy and don't go. I should do it, because staying fit is important, but like I said, I'm too lazy! If I think about the people in my class, I don't think many of us are very fit. I think maybe we spend too much time inside. I know I spend more time on my phone than I used to and maybe that's why I'm not as fit as I used to be. I don't really watch any other sport, apart from football. I spend most of my free time just hanging out in my room, texting my friends on WhatsApp or Snapchat, and listening to music. And of course, playing on my PlayStation or playing some other games online. That's what I like to do.

Seite 22
Part 3
Übung a)

Make a suggestion	Agree with a partner	Disagree with a partner
What do you think of....?	Yes, okay.	I don't think that's a good idea.
Let's ...	Let's do that.	I think... would be better.
I think we should... be-cause	You're right.	I'd prefer...
Why don't we..?	That sounds good.	I'm not sure .... is such a good idea.

Übung b)
Lösungsvorschlag:
A: Jenny has moved into her new house and we're invited to her house-warming party. We should get her a present together. What do you think?
B: That sounds like a good idea. Have you got any ideas?
A: Well, I know she loves drinking coffee and I saw that a shop in town has a good offer on coffee machines this week. What do you think about getting her a new coffee machine?

B: That's a good idea, but I think she already has a really good coffee machine. I think she got one from her boyfriend for Christmas.
A: Oh, I didn't know that. What about something for the garden?
B: Well, she has a big garden now but I don't think she likes gardening. Maybe we could get her something else. Something practical would be good. How about a toolbox? She is going to have a lot of work to do on the house so it will be useful.
A: But aren't they really expensive? I don't want to spend a lot of money.
B: But if we pay half each, it won't be so expensive. I think it's a good idea.
A: I'm not sure. How about if we check prices and then decide? But in case they are too expensive we should think of something else we could buy. How about a clock? I heard her big kitchen clock was broken during the move.
B: That's a good idea! We could get her a nice big clock for her new kitchen.
A: That's what I was thinking. How about we go into town and visit the hardware store and the department store? We can look at prices and then decide which present to get. What do you think?
B: That sounds like a good idea. How about going this Saturday at one o'clock?
A: Perfect! Let's meet in front of the hardware store.
B: Great! See you then!
A: See you then!

Seite 23
Übung c)
Lösungsvorschlag:
Your friend wants to go out for an evening together. Where will you go?
A: Hi Anna Lena.
B: Hi Kiara.
A: Let's go out tonight!
B: That's a good idea. Where do you want to go?
A: I'm not sure. Do you have any ideas?
B: How about we visit the art gallery? I saw that there's a new exhibition on and it looks really interesting.
A: You know I hate art. Can we do something else? How about going to the movies? I heard that the new Leonardo DiCaprio film is great.
B: But it's a horror film, isn't it? No thank you. I won't be able to sleep tonight.
A: Well, how about bowling?
B: That's not a bad idea, but I went bowling last week.
A: Some other people from our class are going to that rock concert. What about going there?
B: I don't think we will be able to get tickets for tonight.
A: That's true. Well, shall we go to the movies but choose another film?
B: Yes, okay. As long as it isn't an action or horror film.
A: I'm sure we'll find something. I'll check the programme and call you back.
B: Okay, bye.
A: Bye.

You and your friend are going to London for the weekend. What two last things should you pack?
A: So have you finished packing?
B: Almost. I have room in my suitcase for two more things but I can't decide which two things to take.
A: What are you thinking of taking?
B: I was thinking of packing an umbrella in case it rains.
A: That's a good idea! It often rains in London.
B: But it's so big.
A: Don't you have a smaller one?
B: No, not really. Maybe I should just take my rain jacket instead.
A: That sounds like a better idea. What about a camera? Have you packed a camera?
B: I wasn't sure. I have my phone and that takes great pictures, so I don't know if I need my digital camera too.
A: What else were you thinking of taking?
B: Well, either my good walking shoes or a dictionary.
A: But they are both so heavy! Are you sure you need them?
B: Not really! But if we do a lot of walking ...
A: But your walking shoes are so ugly. I think you should leave them. And you don't need a dictionary. You are taking your mobile phone, right? Just download a dictionary app. There are lots of free ones.
B: That's such a good idea. You're right! I don't need the dictionary. But I want to take the shoes. I need to be comfortable!
A: They are so ugly, but okay...if you need them!
B: So I think that I'm finished packing now. I'm taking my rain jacket and my walking shoes. Thanks for your help!
A: No problem! See you at the airport!
B: See you there!

C Arbeitstechniken für die schriftliche Prüfung
C 1 Arbeitstechnik Hörverstehen
C 1.6 Erste Übungen zum Hörverstehen

Seite 26
Listening Part 1

Beispiel 1
1. B

Seite 27
Beispiel 2
Step 2: two boys, going to eat
Step 3: z. B. rice, spaghetti, pizza, Italian food, Chinese/Asian food
Antwort: C

Seite 28
Listening Part 2
1. A
2. A
3. B
4. B
5. C
6. C

Seite 29
Listening Part 3
1. 26th December
2. gave presents
3. boxes

4. eat (leftover) turkey
5. eat turkey sandwiches
6. dog/greyhound racing

Seite 30
Listening Part 4
1. T
2. T
3. F
4. F
5. T

C 2 Arbeitstechnik Leseverstehen
C 2.6 Erste Übungen zum Leseverstehen

Seite 35
Part 1
1. F
2. F
3. T
4. T
5. T

Seite 36
Part 2
6. F
7. C
8. H
9. D
10. B

Seite 38
Part 3
11. A
12. C
13. A
14. A
15. B
16. B
17. C

Seite 40
Part 4
1. E
2. A
3. I
4. C
5. G
6. D
7. F
8. H
9. B
10. J

C 3 Arbeitstechnik Mediation
C 3.5 Erste Mediationsübungen

Seite 42
Aufgabe 1
a) Frühstück wird zwischen halb sieben und halb zehn serviert.
b) Fahrzeuge die unmittelbar vor dem Hotel geparkt sind werden kostenpflichtig abgeschleppt.
c) Unsere Gäste werden gebeten, im Bett nicht zu rauchen

Seite 43
Aufgabe 2
Lösungsvorschlag:
Auf dem Poster geht es um ein Theaterstück mit dem Titel *Aladdin*, das von talentierten und bekannten Schauspielern aufgeführt wird. Das Stück dauert zwei Stunden und soll unvergesslich sein. Es findet in einem der weltberühmten Theater statt. Es gibt Vorführungen abends von Dienstags bis Samstags und nachmittags am Mittwoch, Samstag und Sonntag. Die Uhrzeiten entnehmen wir dem Programm oder wir können unter 1800 276 2352 nähere Informationen bekommen. Tickets gibt es ab $49.50. Es gibt Rabatte für Schüler, Studenten, Familien und ältere Menschen. Das Theaterstück läuft bis Juni.

Aufgabe 3
Lösungsvorschlag:
We would like to see *Aladdin*. Are there two tickets for tonight's show available?
Es gibt keine Karten mehr für heute Abend. Wir wäre es mit einem anderen Tag?
Are there any tickets for the weekend shows? Maybe for Saturday evening?
Nein, sie sind schon ausverkauft, aber es gibt noch welche für die Vorführung am Nachmittag um 15 Uhr. Wäre das etwas für uns?
What a shame, Saturday afternoon is no good for us. We already have a bus tour booked.
Es gibt noch Karten für nächsten Samstag, oder auch für Mittwochabend.
Wednesday sounds good. It's probably cheaper on Wednesday. How much do the tickets cost?
Ja, sie sind am Mittwoch günstiger. Er hat Karten für $49.50 oder $70.
We'll take the cheaper tickets please. What time does the show start?
Hier, zwei Karten für uns. Das macht $99. Die Show fängt um 19 Uhr an. Er wünscht uns viel Spaß.

Seite 45
Aufgabe 4
Lösungsvorschlag:
They have indoor and outdoor climbing walls.
Yes, there's a course for beginners and also a basics course.
Yes, it's open tomorrow.
I think it's a little expensive. It costs 36 euros for both of us.
It opens at 9 a.m.
No, there's a café there where you can get something small to eat.

Seite 46
Aufgabe 5
a) 1543
b) im historischen Zentrum von Chester
c) Sporthalle, Schwimmbad, Sprachlabor
d) Musik, Kunst, Theater
e) ab elf Jahren
f) Computerraum, Küche, Gemeinschaftsräume

C 4 Arbeitstechnik Schreiben

Seite 50
Beispiel 1: Letter
Lösungsvorschlag:

Giesener Str. 7
31120 Hildesheim
Germany

July 23, 2021

Mr John McGuire
19 Currie Street
Edinburgh EH 14 5JH
Scotland

Dear Mr McGuire,

My name is Tanja Schmidt and I come from Hildesheim in northern Germany. I saw your advertisement for an au pair from next December to July 2022, and I would be very interested in working for your family.
I will be finishing school this summer and would be thrilled to be able to live and work in Edinburgh for half a year. I think taking a language course is a great idea and I would love to be able to improve my English during my stay.
I am the eldest of four children. My father works for a publishing company, and my mother teaches English and history at the local grammar school. Coming from quite a big family, I am used to being with younger children, and I enjoy thinking up activities for us to do together. I also have three years' experience of babysitting and can provide references if you require them.
My hobbies are skating, volleyball and listening to music, but I am also interested in other sports like soccer and tennis. I have lots of friends from school and from my sports club, and I look forward to making more friends in Scotland. I am a non-smoker.

I look forward to hearing from you.
Kind regards,
Tanja Schmidt

(215 words)

Seite 51
Beispiel 2: Summary
Lösungsvorschlag:
The article "Is Screen Time Making You Unhappy?" talks about how much screen time teenagers have and if this is making them unhappy. Based on findings of a study by Professor Jean M. Twenge, the article explains that the more screen time teenagers have, the more likely they are to be unhappy.
Twenge's research used the responses of one million American students in years eight, ten and twelve from a national survey. Her research found that students in the eighth class who were spending more than ten hours a week in front of a screen were 56 percent more likely to be unhappy. Her statistics also showed that 47 percent of students who spent between six and nine hours online were 47 percent more likely to be unhappy. The results of her research showed a clear link between screen time and the happiness of teenagers and confirmed the negative impact of too much digital technology.
Finally, the article gives some advice on how to fight unhappiness, including spending less than two hours a day on screens and taking time to do non-screen activities.

(183 words)

Seite 53
Beispiel 3: Blog
Lösungsvorschlag:
Karsten's exchange visit to England
Have you ever wanted to go on exchange? My friend Karsten just got back from an exchange visit to England for ten days and now I'm thinking of going on one too! He made it sound like so much fun. After he took the Eurostar train through the Channel Tunnel – how exciting! – his host family picked him up at the station. And it just kept getting better – the food was good (delish fish and chips, yes please!), the day trip to London with lots of shopping and a ride on the London Eye was AMAZING, and best of all, their daughter Peggy was great! Karsten's English is great now, so yep, I'm off on exchange soon folks! I'll keep you posted.

(128 words)

Beispiel 4: E-mail
Lösungsvorschlag:
To: minniemouse@yahoo.com
From: mickeymouse@yahoo.com
Subject: Trip to amusement park

Dear Minnie, 15th May 2021
Last weekend I went on a class trip to an amusement park. First we rode on the bus for an hour. I listened to music on my MP3 player and talked to my friend. We went on all the fun rides in the park. Some of them were scary, especially the roller coaster. We had pizza and coke. At four p.m. we had to go home, but we really had a great time.
All the best,
Mickey.

(77 words)

Seite 54
Beispiel 5: Giving your own opinion
Lösungsvorschlag:
My opinion about school uniforms
First of all I want to say that clothes are not very important to me. I don't buy expensive clothes. They have to be comfortable and nice. I personally think that a school uniform would help us pupils to feel more like a group and identify with our school or class. We would all wear the same clothes and nobody could say anything about clothes being old or "uncool". Most of my friends feel the same way but then there are some girls and boys who spend a lot of money on their clothes and they don't want to wear the same as everybody else. I guess they care more about what is on the outside of a person than what is on the inside.

(130 words)

D Angeleiteter Test für den G-Kurs
D 1 Hörverstehen

Seite 56
Listening Part 1
1. A
2. C
3. B
4. D
5. D
6. C

Seite 58
Listening Part 2
7. C
8. C
9. A
10. B
11. B
12. A
13. A

Seite 60
Listening Part 3
14. Millions of Londoners and tourists every day.
15. Metropolitan Line
16. by hand.
17. coal fires.
18. 1987
19. King's Cross Station

Seite 61
Listening Part 4
20. in the big cities in the United States
21. African American people in the big cities
22.–23. hip hop music, baggy clothes, Timberland leather work boots, breakdancing, street art called graffiti
24. songs don't mean anything
25. pop/reggae

D 2 Leseverstehen

Seite 62
Reading Part 1
1. T
2. F
3. F
4. F
5. F

Seite 63
Reading Part 2
6. D
7. C
8. G
9. C
10. B

Seite 64
Reading Part 3
11. A
12. B
13. C
14. A
15. C
16. C
17. D

Seite 67
Reading Part 4
18. T
19. F
20. F
21. T
22. T
23. F
24. F
25. T

D 3 Mediation

Seite 68
Attention Dog Owners
Lösungsvorschlag:
Du musst deinen Hund immer an der Leine und unter Kontrolle halten. Du musst alle Hundeabfälle entfernen. Du kannst sie mithilfe der zur Verfügung gestellten Plastiktüten entsorgen. Werfe die Plastiktüten in die Müllbehälter.

Seite 69
Tickets ...
Lösungsvorschlag:
(Achtung!)
You can't buy tickets on board the train and must have a valid ticket before you get on.

Seite 70
Travel Specials and Packages in Newquay, Cornwall, England
Lösungsvorschlag:
a) Nein, es wurde nichts über die Anreise geschrieben.
b) Übernachtung mit Frühstück im Hotel
c) Nein, die Ausstattung ist mit inbegriffen.
d) mit Bus
e) Es gibt Kurse für Anfänger bis Fortgeschrittene.
f) Man muss mindestens 16 sein.
g) Krankenversicherung
h) Zahlung im voraus: 10% bei Buchung, 90% 2 Wochen vor Kursanfang. 10% Rabatt bei Frühbuchung

D 4 Schreiben

Seite 72
Writing Part 1: How Green Are You?
Jede sinnvolle, verständliche Antwort wird in der Prüfung akzeptiert.
Age: *(dein Alter angeben)*
Male/Female: *(dein Geschlecht ankreuzen männlich oder weiblich)*
1) How do you get to school?
I walk/I take the bus/I go by bus/I go by train/I go by bike/I ride my bike to school.
nicht akzeptiert wird: I go.

2) What things do you recycle?
Mindestens zwei Dinge müssen genannt werden.
paper, plastic, glass, bottles, newspapers, clothes, batteries
3) How do you save electricity?
turn off the lights, I don't leave electronic devices on stand-by, use energy-saving light bulbs
4) How do you save water?
turn off the water when I brush my teeth, have short showers, don't have baths, fill the sink when I wash the dishes, use the dishwasher only when it's full
5) Which alternative energy do you think is most important?
nenne eine aus:
wind, solar, water, bio fuel ...

Seite 73
Writing Part 2: A camping trip with friends
Lösungsvorschlag:
Hi Ian,
I read your message on the Internet. I can really understand how you feel! That sounds really annoying. But I think your parents care about you and are just worried. If you go to Spain you will be far away and they won't be able to help you if you get into trouble. I think it's normal. My parents are the same! I'm not allowed to go on holiday without them, but I made a deal with them and it might work for you too! Tell them that you will get a weekend job to earn some extra money. They will see that you are responsible. The deal is that if I can pay for half the trip and have good marks at school, I can go away with my friends next time. Maybe this could work for you. I hope so.
Good luck!
(your name) (180 words)

Seite 74
Writing Part 3:
Practice 1: The story behind the picture
Lösungsvorschlag:
I can't believe it! I am really late for school this morning. My alarm didn't go off and now I'm running to my classroom. This is the third time I'm late this week and my teacher will not be happy. I have to think of another good excuse. Maybe I can say my dog died. I haven't used that one yet. I slow down and take a deep breath before I open the door to the classroom. But ... it's empty! The chairs are up and there's no one there! What's going on? I call my best friend Max. It rings and rings but finally he answers. I ask him where he is. He sounds sleepy and says he's in bed. He asks me why I'm calling him so early. Then I realize – it's Saturday. No school today! (138 words)

Seite 75
Practice 2: The FUN Fun Run!
Lösungsvorschlag:
On 12th June the students of Westbourne High School participated in a Fun Run. This event was organised by the students and it was the first time the school had a Fun Run. The idea was to raise money for new sports equipment for students to use in their breaks. The Fun Run was held in the school gym and students had to run 100 metre laps. For each lap, students got money from the sponsors that they collected before the event. One student ran so much she collected 500 dollars! It was a really fun day with lots of music, food and other activities! The students can't wait for the Fun Run next year!
(115 words)

E Angeleiteter Test für den E-Kurs
E 1 Hörverstehen

Seite 76
Listening Part 1: Travelling by Train
1. A
2. C

Seite 77
Listening Part 2: Radio Ads
3. C
4. C
5. B
6. B

Seite 78
Listening Part 3
Jede sinnvolle Antwort wird akzeptiert. Es werden nur ganze Punkte vergeben. Für jede Antwort kann maximal ein Punkt vergeben werden. Werden bei einem item *mehrere Aspekte angegeben, so kann der Punkt nur vergeben werden, wenn alle genannten Aspekte inhaltlich richtig sind.*
Wichtig: Sprachliche Fehler führen nicht zu Punktabzug, solange die Aussage verständlich ist.

	holiday idea	**reason why**
David	gardening/ start(ing) your first garden	something you can be proud of
Tina	a health and beauty day/a beauty day	(you'll) feel (totally) relaxed
Michael	a brunch with friends (at home)	cheaper/don't have to spend all your cash in a restaurant/have a great time
Becky	yoga	good for your body/ great for reducing stress/reduces stress/ (you'll) feel like a new person
Tom	volunteer work	meet new people/get into (great) shape/get a suntan/(give you an) idea of what you want to do later on (in life)
Karen	give your bedroom a new look	makes you happy

Seite 79
Listening Part 4: World Animal Day/Going Veggie?
18. C
19. C
20. B
21. B

22. C
23. B
24. A
25. B

E 2 Leseverstehen

Seite 81
Reading Part 1: Notices and signs
1. C
2. A
3. B
4. B
5. C

Seite 83
Reading Part 2: British Music Festivals
6./7. Cameron: B, H
8./9. Rebecca: C, F
10./11. Ben: A, F
12./13. Megan: E, G
14./15. Liam: C, D

Seite 85
Reading Part 3: The Flash Mob Phenomenon
16. D
17. B
18. D
19. A
20. C
21. C
22. A
23. B
24. C
25. B

E 3 Mediation

Seite 88
Mediation: Urban Gardening
Lösungsvorschlag:
Sie kennt ‚urban gardening' aus anderen Ländern, Kuba und Kenia, wo die Menschen Gemüse auf leeren Grundstücken anbauen.
She says it's different here. We want to make our city look better.
Aber kann man einfach überall Bäume und Blumen pflanzen, wo man will? Ist das nicht Sache der Stadtverwaltung?
She says 'Yes and no'. The city council plants trees and flowers, but mostly in the town centre, where all the shops are.
Wo wollen Sie denn einen Garten pflanzen?
On the empty plot of land next to the school yard. It's so ugly at the moment.
Aber gehört das nicht schon jemandem?
Yes it does. She's found out that it belongs to the car dealer next door: they're called Frisch.
Also, was wollen Sie als erstes machen?
We've got to ask the Frisch family if we can make their empty plot of land a bit more beautiful.
OK. Sie möchte mit uns hingehen. Wann soll das sein?
Yes, you can come with us. She wants to go today straight after school.
Ach, das ist Pech. Sie schafft es heute nicht. Sie ist schon mit ihrer Gastfamilie verabredet. Sie wollen in die Stadt gehen und einkaufen.
She says that's a pity as she can only make it today. But you can certainly join in. She'll tell you when we've got permission to start.

E 4 Schreiben

Seite 90
Writing Part 1: An Exam Survey
Achtung: Jede sinnvolle Antwort wird akzeptiert. Sprachliche Fehler führen nicht zu Punktabzug, solange die Aussage verständlich ist.
Mögliche Antworten auf die Frage "How many exams do you have to sit?": three/four
Mögliche Antworten auf die Frage "How do you feel before an exam?": nervous, worried, calm, stressed
Mögliche Antworten auf die Frage"How long before an exam ...": a month/a day/a week before ...
Mögliche Antworten auf die Frage "What ... is the best thing to do ...": go to bed early, relax, learn with friends revise everything

Seite 91
Writing Part 2: Getting Fit
Lösungsvorschlag:
Hi Tracy,
I know your problem, but you shouldn't go on one of these extreme diets. They don't work and can be dangerous. And magic pills are even more dangerous and won't help you. They could make you ill. Why don't you try and eat healthily? Maybe cut out the sweets and eat more fruit. I think exercise is very important, if you want to stay fit and healthy. I go jogging in the park every Saturday morning and I cycle a lot. You could go to a fitness club with friends or, like me, go jogging round the park. Another idea is dancing. That is a lot of fun. Start tomorrow and you will feel better soon.
Good luck! (120 words)

Original-Prüfung 2020

G-Kurs

(nicht amtliche Lösungen)

I. Listening

Seite 93
Part 1
1. B
2. A
3. A
4. C
5. B
6. A

Seite 95
Part 2
7. B
8. C
9. A
10. A
11. C
12. A

Seite 96
Part 3
13. your favourite outdoor place in Britain
14. 250–500
15. 9–16
16. free family trip to adventure park
17. story@outdoors.uk
18. 23 July 2020

Seite 97
Part 4
19. false
20. true
21. false
22. true
23. false
24. false
25. false

II. Reading

Seite 98
Part 1
1. false
2. false
3. true
4. false
5. true

Seite 100
Part 2
6. C
7. F
8. B
9. A
10. E

Seite 101
Part 3
11. true (lines 6–8)
12. true (lines 9/10)
13. true (line 12/13)
14. false (lines 15/16)
15. true (line 19)
16. true (lines 25/26)
17. false (lines 31/32)

Seite 102
Part 4
18. J
19. G
20. E
21. B
22. H
23. C
24. I
25. A

III. Mediating

Seite 104
Grundsätzlich ist beim Mediating jede verständliche Lösung akzeptabel, auf die der Empfänger der Mitteilung angemessen reagieren kann. Das schließt auch umgangssprachliche Lösungen ein.
Ein Perspektivwechsel muss dort erfolgen, wo es nötig ist. Beispiel: „We will open at..." darf nicht mit „Wir werden um ... öffnen" wiedergegeben werden, sondern sollte z. B. mit „Das Geschäft wird um ... öffnen" oder „Sie werden um ... öffnen."

Lösungsvorschläge:
1. Stay safe online
1. Sei nett zu anderen Menschen, wenn du online bist.
2. Achte darauf, was du (mit)teilst.
3. Teile keine privaten Informationen.
4. Prüfe deine Privatsphäre-Einstellungen.
5. Melde negative Kommentare/Einträge.
6. Halte dein Passwort geheim.
7. Triff dich nie mit einer Person, die du nur aus dem Internet kennst.
8. Sprich mit jemandem, dem du vertraust, wenn du online etwas Merkwürdiges siehst/liest.

Seite 105
2. Gefährliches Gewässer!
1. Caution / Attention / Be careful: dangerous water!
2. Swimming is dangerous (to life).
   Jede Lösung, aus der hervorgeht, dass das Leben beim Schwimmen in Gefahr ist, wird akzeptiert.
3. Don't walk/go/step on the ice. / Walking on the ice is not permitted.

IV. Writing – Set I

Seite 106
Part 1 – AppWhats photo message – a concert
Lösungsvorschlag:
Cool picture, huh?
Wow, what's going on?
We're at a rap concert. It's unbelievable!
Where is it?
We're near the train station in Bremen. It's in the youth centre near there.
Who is with you?
I'm here with my cousin Jenny who's visiting from London. I don't think you've ever met her.
How is the atmosphere? Do you like it?
It's amazing! The audience is going crazy!

Seite 107
Part 2 – An online comment
Lösungsvorschlag:
It's important that students of this generation stand up for their rights and make their voices heard in #fridaysforfuture demonstrations. Although students miss out on school and they are marked as being absent on the school records, the bigger picture is that they are helping to raise awareness for a very big problem that will affect us all. Also, they are learning about how to belong to a democratic society. I don't think students should be punished for being active to save our planet.

(84 words)

IV. Writing – Set II

Seite 108
Part 1 – #fridaysforfuture workshop
Lösungsvorschlag:
First name: Hannah
Last name: Klawitter
Date of birth: 28.05.2004
Address with country:
14 Danziger Straße
29664 Walsrode
Germany
Why do you want to take part in a #fridaysforfuture workshop? Give two reasons.
I'm interested in climate change and want to make a difference.
What do you expect from the workshop?
I would like to learn how to do more for the environment.
I would like to learn how to organize a #fridaysforfuture campaign.
What does your school already do to protect the environment or what action do you plan to take at your school?
We use energy saving light bulbs at our school and always turn the lights off when we leave a classroom.
We take recycling very seriously and have bins for plastic, paper and normal waste in each classroom.

Seite 109
Part 2 – Creative writing: A writing competition
Lösungsvorschlag:
Jack and Daniel were best friends. They went everywhere together and loved to go on adventures in the wild. On one trip, Jack and Daniel even went rock climbing together! When Jack hurt his leg whilst climbing, Daniel went to get help. He raced to the ranger's hut a few kilometres away and barked at the door until the ranger realized he wanted him to follow. Daniel was a clever dog! Jack and Daniel will always be best friends and go on crazy adventures together.

(85 words)

Originalprüfung 2020

E-Kurs

(nicht amtliche Lösungen)

I. Listening

Seite 110
Part 1
1. B
2. A
3. A
4. C
5. B

Seite 112
Part 2
6. B
7. C
8. C
9. A
10. A
11. C
12. A

Seite 113
Part 3
13. weekdays: 8–6, Saturdays 10–3
14. Metro Shopping Center
15. screen repairs $25 – $149, battery replacement $29 – $79
16. repairs within a day, up to 48 hours if the parts are not in stock
17. for all repairs 12-month warranty
18. pick-up and delivery service starting at $19 depending on where you live

Seite 114
Part 4
19. false
20. false
21. true
22. false
23. true
24. true

II. Reading

Seite 115
Part 1
1. C
2. B
3. C
4. B
5. C

Seite 117
Part 2
6. F
7. E
8. A
9. D
10. C
11. H

Seite 118
Part 3
12. B
13. A
14. C
15. C
16. A
17. C

Seite 120
Part 4
18. false (line 5 and/or 9)
19. true (line 6)
20. false (line 13/14)
21. false (line 15/16)
22. true (line 17–20)
23. false (line 27–29)

III. Mediating

Seite 122
Lösungsvorschlag:
1. The repair café takes place on every first Saturday of the month from 2 to 5 p.m. in the community centre.
2. You don't get paid for the repairs. You donate your time. If you need to use extra parts, you get paid for those.
3. No, you don't bring your own. The club has tools available for you.
4. No, you should not do the repairs yourself but help the owner to repair the bike.
5. There is no guarantee for a repair. If you can't help them, that's OK.
6. Yes, you can go to the next meeting and offer your help, but you should get in touch with them before you go.

7./8. Guten Tag, eine Klassenkameradin von mir würde gern im Repair-Café mitarbeiten. Brauchen Sie Unterstützung bei der Reparatur von Fahrrädern? Sie ist vor Kurzem von Syrien nach Deutschland gekommen und spricht noch nicht so gut Deutsch. Ist das ein Problem?

IV. Writing – Set I

Seite 124
Part 1: A Review: Bad restaurant
Lösungsvorschlag:
Last week I went to a new hamburger restaurant in town. It was my birthday and I thought I would do something special with my girlfriend on a Saturday night. We got there around 7 p.m. We ordered the extra large hamburger with French fries and salad. The inside of the restaurant looked awful. The chairs were old and had seen better days. The tablecloth had holes and patches. The table moved every time you touched it. The waiter looked unhappy and hardly spoke any English. The food came and it wasn't any better than the rest of the restaurant. The hamburger was cold, the salad old and limp. I would give this restaurant no stars because they really would have to pay me to go and eat there. I cannot recommend this place. It was a horrible experience on my birthday.

(141 words)

Seite 125
Part 2: A Diary Entry: To Your Future Self
Lösungsvorschlag:
Dear future me,
I hope that I will be able to follow my dreams and become a famous writer. I want to write mystery novels and make a lot of money selling my books. Then I will find a beautiful wife, maybe a model, and marry her. We will live in a big house on an island near the beach. We will have two or three kids and travel all over the world. I want to read my books to other people and be really famous. My friends would be actors and musicians. I will be invited to parties all the time and drive big, expensive cars. Life will be a lot easier because we will have robots to do all the work. Robots will do all the cleaning and washing, and they will drive our cars too. I will go swimming every day and enjoy life with my family on our own private island.

(155 words)

IV. Writing – Set II

Seite 126
Part 1: An E-Mail: Shared Flat for Work and Travel
Lösungsvorschlag:
To: sharedflat@gmx.net
Subject: share the flat

Hi,
My name is Laura and I am looking for a room in Barcelona. I am a German student of European Studies and would like to travel around Spain and improve my Spanish. I want to live in Barcelona and travel around from there. 15 sqm sounds perfect and 350 EUR is a good price. I like to keep things tidy and I can cook traditional German dishes. I am sure I will be a good roommate for you. Do you have any pets? Are there male and female students in the flat? Do you have some kind of plan for chores and/or shopping?
Hope to hear from you soon.
Laura

(115 words)

Seite 127
Part 2: An Article: Stay at Home – Online Distance Learning
Lösungsvorschlag:
In my opinion, there are a lot of advantages to learning via video chat. You don't have to get up early in the morning, carry a heavy book bag or take the bus to school. You can wear your pyjamas and drink coffee while you listen to your teacher explaining things to you online. The downside is the fact that you have no human contact. You can't interact with your friends, meet new people and show off your new jeans or mobile phone. I think life would be really boring. Sitting in a classroom with your friends and your teachers is fun and I wouldn't want to miss that.
Online teaching would be really difficult right now because a lot of people and schools don't have the necessary equipment. We would have to invest a lot of money to make that possible. The server at our school crashes all the time when too many people are online.
I think a mix would be good. I still want to go to school every day, but why not use the internet to make learning more interesting? We could turn our homework in online and watch videos to prepare for an exam. We could use learning apps to help us learn.

(208 words)